Richard Bandler / John Grinder /
Virginia Satir

Mit Familien reden

Gesprächsmuster und therapeutische Veränderung

Verlag J. Pfeiffer · München

Die amerikanische Originalausgabe ist unter dem Titel »Changing With Families. A Book About Further Education For Being Human« bei Science and Behavior Books, Inc., Palo Alto, California, erschienen.

Aus dem Amerikanischen übersetzt von Dipl.-Psych. Hannelore Lochmann.

Die Deutsche Bibliothek – CIP-Einheitsaufnahme

Bandler, Richard:
Mit Familien reden: Gesprächsmuster und therapeutische Veränderung / Richard Bandler; John Grinder; Virginia Satir. [Aus dem Amerikan. übers. von Hannelore Lochmann]. – 4. Aufl. – München: Pfeiffer, 1993
(Reihe leben lernen; Nr. 30)
Einheitssacht.: Changing with families ‹dt.›
ISBN 3-7904-0254-0
NE: Grinder, John:; Satir, Virginia:; GT

4. Auflage 1993

Reihe »Leben lernen«
Nr. 30
Herausgegeben von Karl Herbert Mandel und Gabriele Sievering

Printed in Germany
Druck: G. J. Manz AG, Dillingen/Donau
Umschlagentwurf: Hermann Wernhard

ISBN 3-7904-0254-0

Inhalt

Einige Bemerkungen über dieses Buch und uns

Die Arbeit an diesem Buch gab uns die Gelegenheit zum Austausch, zur Erweiterung und zur Integration unserer Erfahrungen auf dem Gebiet der Familien- und Individualtherapie. Wir machten uns klar, auf welche Weise die in der Therapie geläufigen Kommunikationstechniken auf das gemeinsame Schreiben eines Buches anzuwenden wären. Da wir einen Weg zur Nutzbarmachung dieser Techniken gefunden hatten, gelang es uns, die auf der Basis von drei sehr unterschiedlichen Standpunkten und Traditionen gewonnenen Erkenntnisse gemeinsam zu Papier zu bringen. Einige der kommunikativen Möglichkeiten, von denen wir im Rahmen unserer Zusammenarbeit im Umgang miteinander Gebrauch machen konnten, sollen dem Leser hier beschrieben werden. Es handelt sich im wesentlichen um die gleichen kommunikativen Grundformen, wie sie in diesem Buch zur Gestaltung einer effektiven Kommunikation zwischen den Mitgliedern einer Familie im Rahmen der Therapieplanung beschrieben werden. Zu den wesentlichen Prinzipien, von denen man weder in der therapeutischen Situation noch bei der Gestaltung anderer zwischenmenschlicher Beziehungen je abweichen sollte, gehört es, in seiner Kommunikation kongruent zu bleiben. Es bereitet uns andauerndes Vergnügen, Wege zu finden zur wirkungsvolleren Kommunikation mit uns selbst, mit unseren Kollegen beim Schreiben dieses Buches und am Ende hoffentlich auch mit Ihnen, wenn wir versuchen, etwas von der Erregung und der Freude mitzuteilen, die wir in diesem Kommunikationsprozeß erfahren haben. Kommunikation bedeutet für uns jene Erfahrung, die dazu befähigt, mit dem in Verbindung zu stehen, was wir fühlen, abschätzen zu können, welche Möglichkeiten in bestimmten Situationen vorhanden sind, und ein feines Gehör für die Klänge des Lebens zu entwickeln.

Erfahrungen dieser Art, die wir ständig aus uns selbst heraus erneuern, bilden die Grundlage dieses Buches. Sie weiterzuvermitteln an alle, die in den helfenden Berufen tätig sind, damit sie von diesen als Werkzeug oder Vorlage zum Nutzen möglichst vieler Familien eingesetzt werden können, darin besteht unser Anliegen. Darum auch unser Appell an Sie alle: Nehmen Sie die hier gebotenen Gelegenheiten wahr, vielleicht tun sich dann auch für Sie neue Wege der Kommunikation auf, zu Ihrem eigenen Nutzen und zum Vorteil der Familien, mit denen Sie arbeiten. Wir sind nämlich der Meinung, daß für eine kreative und wirkungsvolle Gestaltung des Lebens noch ein schier unerschöpfliches Reservoir an Möglichkeiten zur Verfügung steht und daß wir uns daranmachen sollten, ständig neue Dimensionen menschlicher Kommunikation zu entdecken.

Vorwort

Dieses Buch handelt von Menschen, die zu Schaden kommen, und von Menschen, die ihnen darüber hinweghelfen wollen.

Die Welt ist voller guter Absichten, deren Realisierung ganz offensichtlich nicht immer gelingt. Die Eltern wollen das Beste für ihre Kinder, die Kinder für ihre Eltern, ebenso wie die Therapeuten das Beste für ihre Klienten wollen und die Klienten für ihre Therapeuten. Eine große Menge an gutem Willen wird auf diese Weise investiert in Beziehungen, die nicht selten glücklos verlaufen und für die Beteiligten nichts weiter sind als eine ständige Quelle von Schmerz und Kummer. Es scheint, als fehlte für die erfolgreiche Gestaltung der Beziehungen irgend etwas Wesentliches, das sich der Kontrolle durch den Menschen entzieht und aus seinem Bewußtsein verdrängt ist. Diese Lücke gilt es zu schließen, das fehlende Stück muß wieder erfahrbar und nutzbar gemacht werden. In welcher Weise dieses Vorhaben für Familien realisiert werden kann, soll in diesem Buch besprochen werden.

Wir können uns nicht vorstellen, daß jemand, der ständig an der Diskrepanz zwischen kommunikativen Absichten und deren dazu widersprüchlichem Ergebnis scheitert, sich selbst als eigenverantwortlichen Menschen erfahren kann. Andererseits hat jeder die Chance, sich zu ändern, wenn man ihm nur die richtigen Werkzeuge an die Hand gibt, und er wird diese Chance auch wahrnehmen, weil sie ihm neue Möglichkeiten der Selbstbehauptung eröffnet. Als Familientherapeuten sehen wir unsere Aufgabe darin, neue Möglichkeiten der Kommunikation in die Familien zu tragen, ohne uns von falscher Vorsicht leiten zu lassen. Wir gehen nämlich davon aus, daß alles, was einen Menschen berührt, auch ansprechbar ist, wenn dies nur auf annehmbare Weise und bei passender Gelegenheit geschieht. In der Tat halten wir es für eine persönliche Beleidigung, wenn wir einen Menschen zwingen, sein eigentliches Wesen mit allen seinen Eigenarten zu verleugnen. Auf konsequente Weise für jemanden sorgen heißt für uns zuallererst: ihn so zu nehmen, wie er ist. Sobald der Therapeut sich uneingeschränkt mit den emanzipatorischen Zielsetzungen seines diesbezüglich zur Ambivalenz neigenden Klienten identifiziert, können es die Umstände erfordern, daß die hemmenden Faktoren durch eindeutige Stellungnahmen und Orientierungshilfen beseitigt werden. Es wird dem Therapeuten nicht immer leichtfallen, die inneren Kämpfe des Klienten zu verfolgen oder sie gar zu beeinflussen; er sollte sich jedoch klarmachen, wie wichtig konstruktive Kämpfe für jeden Entwicklungsprozeß sind. Obwohl wir niemandem seine besten Absichten streitig machen wollen, der versucht, mit vorhandenen Kenntnissen und Fähigkeiten Optimales zu erreichen, gilt unsere Hochachtung doch jenen, die Veränderungen nicht nur wünschen, sondern auch herbeiführen. Sie wollen wir in ihren Kämpfen unterstützen und auf diese Weise versuchen, Fehlschläge zu vermeiden.

Unser Ansatz basiert auf der außerordentlichen Bedeutung des Therapeuten für die Einleitung von Veränderungsprozessen. Diese Bedeutung basiert in erster Linie auf der modellhaften Verkörperung des zu Verändernden. Wir sprechen hier ganz bewußt die Perspektive des Prozesses und weniger die des Inhaltes an. Wir vertrauen nämlich auf eine Veränderung der Art, wie Auseinandersetzungen geführt werden; damit aber beziehen wir uns eindeutig auf etwas Prozeßhaftes, von dem wir auch didaktisch und therapeutisch Gebrauch machen. In diesem Zusammenhang spielt das Wahrnehmungsvermögen des Therapeuten über die sensorischen Kanäle eine besondere Rolle: die Fähigkeiten zu sehen, hören, fühlen, riechen und schmecken sollten nicht nur ausgeprägt sein, sondern auch auf zuverlässige und differenzierte Weise einsetzbar. Unter diesen Voraussetzungen wird es gelingen, Informationen zu gewinnen und Kommunikationsmuster aufzudecken, was wir für wesentlich wichtiger halten, als sie zu erklären. Weiterhin ist es für den Therapeuten von großer Bedeutung, ob er in der Lage ist, eingehende Impulse nach ihrer Herkunft zu unterscheiden und festzustellen, ob es sich lediglich um Reflexionen eigener Erfahrungen aus der Vergangenheit handelt oder um echte Signale von einer anderen Person. Es ist von erheblichem Einfluß auf das Ergebnis der Therapie, ob der Therapeut mit seinen Gesprächen und Reaktionen sich auf eine Projektion seiner selbst bezieht oder auf die Person, die vor ihm sitzt. Wir vertrauen auf eine saubere Trennung zwischen Du und Ich, weil erst dadurch die Möglichkeit einer echten Begegnung zwischen beiden, worauf wir ja letzten Endes abzielen, geschaffen wird.

Wir glauben, daß die Entfaltung der Bedingungen für ein menschenwürdiges Dasein noch in den Kinderschuhen steckt. Deshalb sollten wir mehr forschen und weniger urteilen. Unsere Aktivität verstehen wir als Beteiligung an der weiteren Erziehung zur Menschlichkeit. Wir erwarten, daß wir aus jeder Erfahrung mit anderen etwas verändert hervorgehen. Bleibt eine solche Veränderung aus, so haben wir das ungute Gefühl, uns vielleicht doch als Richter aufgespielt zu haben.

Was wir hier vorstellen wollen, ist das Modell eines sukzessiven Prozesses, der die fehlenden Stücke ergänzen soll zwischen dem, was Menschen mit ihrer Kommunikation beabsichtigen, und dem, worin am Ende das tatsächliche Ergebnis der Kommunikation besteht. Unsere Methode bevorzugt die Ermöglichung neuer Erfahrungen gegenüber der Löschung von alten. Viele therapeutische Modelle ließen sich anscheinend in der Vergangenheit von der Vorstellung eines idealen Menschen leiten, was zu Konzepten von Vorgehensweisen zur Persönlichkeitsveränderung in Richtung auf dieses Idealbild führte. Wir glauben, daß es kein allgemeingültiges Modell für das menschliche Wesen gibt, daß vielmehr jeder Mensch eine Vorstellung von seinem Idealbild hat. Die Überzeugung von der Einzigartigkeit eines menschlichen Individuums erfüllt uns mit Freude, sie spiegelt die Intentionen unserer Therapie und sie befindet sich in Übereinstimmung mit den Erkenntnissen der modernen Biologie.

Wir weisen darauf hin, daß das hier präsentierte Modell für Familientherapie auf eine Förderung der Erlebnisfähigkeit angelegt ist. Es wird unseres Erachtens zuviel Zeit und Energie auf die Entwicklung von Modellen verwendet, die als Erlebnisersatz dienen. Die Familien, die als Ratsuchende zum Therapeuten kommen, werden dort auf der Basis eines Modells klassifiziert, anstatt daß man versucht, ihnen unter Benutzung der Möglichkeiten echter Wahrnehmung kreative Antworten zu geben. Unser Modell impliziert die Möglichkeit, an dem bewegenden Erlebnis einer Familienveränderung zu partizipieren, miteinbezogen zu sein in den

Wachstumsprozeß, mitzuwirken an der Erschließung neuer Erlebnisse, Anteil zu nehmen an den Schmerzen und Freuden einer Familie. Für die in den helfenden Berufen Tätigen bietet unser Modell die Möglichkeit, sich einzustimmen auf die Wachstumsprozesse der Familien, mit denen sie arbeiten; es wird ihnen Gelegenheit gegeben zu sehen, zu hören, zu spüren, zu empfinden, zu erleben sowie gezielt und schöpferisch auf die in der Familie ablaufenden Kommunikations- und Veränderungsprozesse zu reagieren.

Die im Umgang mit anderen Menschen angestellten Beobachtungen und gewonnenen Erfahrungen lassen sich als die fünf Formen persönlicher Unfreiheit zusammenfassen, die uns fesseln und einengen und die fälschlicherweise als Merkmale eines zivilisierten Verhaltens angesehen werden. Die Darstellung dieser Formen der Unfreiheit soll im folgenden indirekt erfolgen, und zwar über die Freiheiten, deren Entfaltungsmöglichkeiten jeweils eingeschränkt werden:

1. Die Freiheit zu *sehen* und zu *hören,* was JETZT ist, anstelle von dem, was sein sollte, sein könnte, gewesen ist oder sein wird.
2. Die Freiheit zu *empfinden,* was man JETZT empfindet, anstelle von dem, was sein sollte, sein könnte, gewesen ist oder sein wird.
3. Die Freiheit zu *sagen,* was JETZT ist, statt davon zu reden, was sein sollte, sein könnte, gewesen ist oder sein wird.
4. Die Freiheit, *sich zu nehmen,* was man haben will, unabhängig davon, was man zu wollen *hat,* und ohne darauf warten zu müssen, daß man es von irgend jemandem angeboten bekommt.
5. Die Freiheit, eigenverantwortlich *Risiken einzugehen,* anstatt ständig nur darauf zu hoffen, daß man von den durch andere bewirkten Veränderungen profitiert.

Zusammenfassung:
Wenn ich in der Lage bin, zu *sehen* und zu *hören,* was JETZT geschieht, und mir der *Gefühle* bewußt zu werden, die ich JETZT *empfinde;* wenn ich fähig bin zu *sagen,* was ich JETZT *fühle, denke, höre* und *sehe;* wenn ich fertigbringe, mir das zu *nehmen,* was ich mir JETZT wünsche; wenn ich mir zutraue, eigenverantwortlich JETZT *Risiken einzugehen;* und wenn es mir gelingt, über all dies JETZT angemessen zu *kommunizieren* und auch *Feedback*

JETZT entgegenzunehmen; dann sind die Voraussetzungen dafür geschaffen, daß ich mich JETZT auf kreative Weise meiner Umwelt zuwenden kann und mich im guten Einvernehmen mit meinem Innenleben befinde – und zwar

JETZT.

Dieses Buch soll ein Versuch sein, die menschlichen »Unfreiheiten« in Freiheiten überzuführen.

Teil I

Einführung

Auf den folgenden Seiten wollen wir unsere spezifische Betrachtungsweise jener mannigfaltigen und aufregenden Materie darstellen, die sich hinter dem Namen Familientherapie verbirgt. Eine von anderen komplexen Gebieten menschlichen Verhaltens her bekannte Erfahrung findet auch hier ihre Bestätigung: erfolgreich praktiziertes therapeutisches Handeln muß nicht heißen, daß der betreffende Therapeut auch in der Lage wäre, *im einzelnen* zu erklären, was eigentlich im Verlauf der Therapie passiert und worin genau sein erfolgreiches Handeln besteht. In diesem Buch wird der Versuch unternommen, dem Leser jene Muster verständlich zu machen, deren wir uns in der Praxis der Familientherapie bewußt geworden sind, und gleichzeitig einen Einblick in die *Theorie* der Familientherapie und deren Umsetzung in die *Praxis* zu vermitteln. Durch das Herausarbeiten der Muster der Familientherapie hoffen wir folgende Ziele zu erreichen: Erstens wollen wir dadurch, daß wir bestrebt sind, uns unserer Verhaltensmuster bewußter zu werden, die Systematik und die Effektivität unserer Beratungstätigkeit steigern, und zweitens wollen wir durch die Bemühung um eine wirkungsvolle Weitervermittlung unserer Erfahrungen an andere Familientherapeuten dazu beitragen, daß ein lebendiger Dialog in Gang kommt, der uns allen hilft, erfolgreicher zu arbeiten.

Der Weg, den wir methodisch beschreiben, um unserem Ziel näherzukommen, beginnt mit dem Entwurf eines expliziten Modells bzw. eines Schemas unseres Verhaltens in der Familientherapie, d. h. mit Verhaltensanleitungen, die für jeden brauchbar sein sollen, der seine Arbeit als Familientherapeut effektiv gestalten möchte. Diese Anleitungen für die familientherapeutische Praxis können ihre volle Wirksamkeit erst dann entfalten, wenn sie für den Therapeuten zu notwendigen Mustern für jene kontinuierliche, effektive und kreative Arbeit werden, die ihrerseits die notwendige Voraussetzung dafür ist, daß diese Muster überhaupt erst erlernt und angewendet werden können. Nach unserem Verständnis können Verhaltensmodelle oder -schemata weder wahr oder falsch noch genau oder ungenau sein, sie sind vielmehr danach zu beurteilen, inwieweit sie brauchbar oder unbrauchbar für den Zweck sind, dem sie dienen sollen. Der Zweck des hier von uns zu entwerfenden Modells ist es, einen jeden darin zu unterstützen, seine Effizienz als Familientherapeut zu steigern. Deshalb stellen wir es Ihnen in der Hoffnung vor, daß Sie die darin enthaltenen Muster in Ihrer familientherapeutischen Arbeit benutzen.

Als erstes haben wir uns die Aufgabe gestellt, einen Grundstock an gemeinsamen Erfahrungen zusammenzustellen, mit denen sich jeder von uns als Familientherapeut identifizieren kann. Gelingt uns dieses Vorhaben, so ist der Weg für ein besseres gegenseitiges Verständnis unserer Arbeit geebnet. Außerdem haben wir dann sowohl Basis als auch Bezugsrahmen gefunden für die Konstruktion eines für alle Beteiligten brauchbaren Modells. Die Komplexität der hier zu besprechenden Materie bekommt man bereits zu spüren, wenn man nach einem geeigneten Einstieg sucht. Wir haben uns schließlich dazu durchgerungen, mit den Mustern der verbalen Kommunikation zu beginnen, d. h. jenem über Worte vermittelten Austausch, wie er zwischen Therapeut und Familienmitgliedern einerseits und zwischen diesen andererseits abläuft. Damit soll jedoch dem Wort als Kommunikationsmittel keine Priorität gegenüber anderen Kommunikationsformen zugebilligt werden, die z. B. Körperbewegungen oder den Klang der Stimme als Ausdrucksmöglichkeit verwenden. Vielmehr soll lediglich ein Ansatzpunkt definiert werden für die Erschließung gemeinsamer Erfahrungen, und erst die so hergestellte Gemeinsamkeit kann als echter Anfang betrachtet werden.

Um einen jeden während der Lektüre dieses Buches darin zu unterstützen, die gelesenen Worte mit den jeweils vorhandenen Gefühlen, Perspektiven und Sinneseindrücken – allem, was die Arbeit mit einer realen Familie auslösen kann – in Verbindung zu bringen, werden wir die aus unserer Erfahrung hervorgegangenen Muster, deren Darstellung uns besonders am Herzen liegt, mit Tonbandprotokollen illustrieren. Im ersten Teil dieses Buches werden einige Übungsmöglichkeiten für die Identifizierung von Mustern angeboten, von denen zur Erleichterung des Verständnisses späterer Passagen Gebrauch gemacht werden sollte. Wir wollen nämlich darauf verzichten, ein Muster bei jeder Wiederholung erneut zu identifizieren. Im Teil II sollen diese Muster in natürlichen Gruppen zusammengefaßt werden. Diese Einteilung soll Ihnen die Einordnung Ihrer familientherapeutischen Erfahrungen erleichtern. Wir schlagen vor, daß Sie sich einfach zurücklehnen, entspannt durchatmen und sich auf Ihre Fähigkeit besinnen, die Wörter vor Ihnen mit Ihrer eigenen Erfahrung zu verbinden.

Muster effektiver Familientherapie
Stufe I

Jeder erfolgreiche Familientherapeut wird sich vor der ersten Sitzung mit einer Familie davon überzeugen, daß einige wichtige Voraussetzungen erfüllt sind. Zunächst einmal ist die Tatsache, daß die Familie den Weg in die Familientherapie gefunden hat, ein direkter Beweis dafür, daß in ihr die Hoffnung auf Veränderung besteht. Das Vorhandensein von Hoffnung kann selbst dort vorausgesetzt werden, wo sich die Familienmitglieder dessen nicht bewußt sind. Sogar im Falle der Überweisung durch Gerichtsbeschluß kann man davon ausgehen, daß die Familie zumindest die Entscheidung getroffen hat, die Therapie für besser zu erachten als das Gefängnis. Ihr Erscheinen in der Therapie verleiht somit einer zweifachen Hoffnung Ausdruck, daß nämlich einerseits für den Fortbestand der Familie gewisse Aussichten bestehen und daß andererseits eine Veränderung durchaus für möglich gehalten wird.

Die zweite Folgerung, die wir aus dem Erscheinen der Familie zur Therapie ziehen, ist, daß bei ihr eine gewisse Bereitschaft vorhanden ist, fremde Hilfe in Anspruch zu nehmen. Hier sollte man darauf achten, daß diese Bereitschaft nicht zu einer Überschätzung dessen führt, was fremde Hilfe leisten kann. Wir haben gute Erfahrungen damit gemacht, stets davon auszugehen, daß die Familie selbst über die zur Veränderung notwendigen Kräfte verfügt und daß unsere Aufgabe lediglich darin besteht, diese Kräfte zu mobilisieren. Aus diesem Grunde ist es eines unserer wichtigsten Ziele, den Familienmitgliedern zu helfen, die noch unerkannten und nicht verfügbaren Kräfte ihres Familiensystems zu erkennen und zu akzeptieren. Als ersten Schritt in Richtung Veränderung wird der Therapeut versuchen, eine gute Beziehung zu der Familie herzustellen und eine Vertrauensbasis zu errichten. Dies ist unbedingt erforderlich, denn ohne echte Vertrauensbasis wird es niemals möglich sein, echte Risiken einzugehen, und wirkliche Veränderungen werden ausbleiben.

Die dritte Folgerung betrifft die Person des Therapeuten: Indem die Familie diesen Therapeuten für sich akzeptiert, gibt sie zu verstehen, daß sie auch bereit ist, ihm das für das Gelingen des Veränderungsprozesses notwendige Vertrauen zu schenken. Dieses

Vertrauen zeigt sich z. B. darin, daß die Familie den Therapeuten als Modell gelten läßt, und zwar bietet der Therapeut ein Modell an für Aufgeschlossenheit – die Freiheit, unter den verfügbaren Möglichkeiten jeweils die zu der gegebenen Zeit und am betreffenden Ort für die Familie und den Therapeuten am meisten relevante auszuwählen. Die Realisierung solcher Aufgeschlossenheit setzt sowohl ein feines Gespür für die eigenen ablaufenden Prozesse voraus als auch für die Bedürfnisse der Familie. Die Wirkung derartiger Modelle ist nicht auf den Vorgang bewußter Aneignung beschränkt, vielmehr werden auch vom Unterbewußtsein Botschaften des Modells empfangen. Für die Mitglieder der Familie kann das Modellhafte an Merkmalen wie Körperhaltung, Stimme etc. wirksam werden.

Wir beginnen mit dem Bericht über die Eröffnungssitzung einer Familientherapie. Therapeut und Familienmitglieder haben sich gerade miteinander bekannt gemacht. Folgen Sie uns durch die Therapiesitzung, in der wir einige Wege beleuchten wollen, auf denen die gewünschten Phänomene in Erscheinung treten. Wir wollen den Leser darauf hinweisen, daß das folgende Protokoll unvollständig und fragmentarisch ist. Der von Dave handelnde Teil ist nur ein Ausschnitt aus dem Gesamtprotokoll. Der Therapeut wendet sich ja jedem Familienmitglied nach einem ähnlichen Muster zu. Um die betreffenden Muster in ihrer Struktur besonders deutlich werden zu lassen, haben wir einzelne Abschnitte des Protokolls ausgelassen.

Therapeut: Ich freue mich sehr, an diesem Nachmittag hier mit Ihnen zusammen zu sein. Ich bin gespannt darauf zu erfahren, was ein jeder von Ihnen hier in der Arbeit mit mir zu verändern hofft. Ich weiß zwar nicht, ob der Prozeß, der Sie zu der Entscheidung brachte, hierherzukommen, leicht oder schwer für Sie war, aber ich weiß genau, daß Ihr Erscheinen hier der erste Schritt in Richtung der von Ihnen gewünschten Veränderungen ist. (Pause)
Dave (wendet sich an den Familienvater), ich bin neugierig, ob Sie etwas Licht auf die Hoffnungen, die Sie für sich selbst und Ihre Familie haben, werfen können. Können Sie mir sagen, was Sie sich durch Ihr Erscheinen hier im einzelnen an Veränderungen erhoffen?

Dave: Ja ... ich habe das Gefühl, daß wir als Familie nicht an einem Strang ziehen ... daß einige Dinge fehlen ... aber ich bin mir nicht ganz sicher. Ich kann es nicht genau sagen – ich kann irgendwie nicht damit umgehen.

Therapeut: Dave; können Sie mir etwas nennen, das Ihnen fehlt?

In diesem kurzen Abschnitt gibt es verschiedene wichtige Muster, die deutlich hervorstechen. Als erstes formuliert der Therapeut bestimmte Vorannahmen oder Voraussetzungen:

1. Es gibt Dinge, die die Familie zu ändern wünscht. *(»... gespannt darauf zu erfahren, was ein jeder von Ihnen zu verändern hofft ...; »... von Ihnen gewünschte Veränderungen ...«; »... was Sie sich im einzelnen an Veränderung erhoffen ...«)*
2. Die Familie machte einen Entscheidungsprozeß durch, um sich für eine Therapie zu entschließen. *(»... ob der Prozeß, der Sie zu der Entscheidung brachte, hierher zu kommen, leicht war ...«)*
3. Der Veränderungsprozeß hat schon begonnen. *(»... Ihr Erscheinen hier ...«; »... der erste Schritt in Richtung jener Veränderungen ist ...«)*

Beachten Sie, daß der Therapeut die Familienmitglieder nicht fragt, *ob* sie die Hoffnung haben, sich verändern zu können; vielmehr geht er von der Voraussetzung aus, daß es so ist, und fragt statt dessen, was an Veränderungen sie im einzelnen wünschen. Der Familie gelingt es dadurch, ihre Aufmerksamkeit auf das *Was* an Veränderung und Hoffnung zu richten, anstatt zu fragen, *ob* Veränderung und Hoffnung existieren. Der Therapeut ist systematisch im Gebrauch bestimmter Sprachformen – insbesondere verwendet er *Voraussetzungen* (Vorannahmen) als sprachliches Hilfsmittel für das therapeutische Gespräch mit der Familie. Mit anderen Worten wird der Therapeut weniger die Sprachformen in Spalte A als jene in Spalte B benutzen:

A	B
Haben Sie Hoffnungen?	*Was sind Ihre Hoffnungen?*
Haben Sie einen Entscheidungsprozeß durchgemacht, um hierher zu kommen?	*War Ihr Entscheidungsprozeß, hierher zu kommen, leicht?*

A	B
Wünscht jeder von Ihnen Veränderungen?	*Welche Veränderungen sind es im einzelnen, die jeder von Ihnen wünscht?*

Der Therapeut kann durch gekonnten Einsatz von sprachlichen Voraussetzungen (Vorannahmen) der Familie dabei helfen, sich auf die Probleme zu konzentrieren, die von größter Wichtigkeit sind, wenn sie ihren Zielen in der therapeutischen Sitzung näherkommen will.

Aufgrund unserer Erfahrungen halten wir es für sehr wichtig, zu verstehen, daß der Familientherapeut mit jedem Familienmitglied individuell Kontakt aufnehmen muß. Der Therapeut muß sich davor hüten, davon auszugehen, daß ein Mitglied der Familie den Sprecher für die restliche Familie darstellt. Der Therapeut schließt eine Reihe von Verträgen für Veränderung – einen für jedes Familienmitglied. Auf diese Weise anerkennt der Therapeut ausdrücklich die Integrität und Unabhängigkeit eines jeden einzelnen Familienmitgliedes. Die eigentliche Kunst der Familientherapie beruht auf der Fähigkeit des Therapeuten, die unabhängigen Bedürfnisse nach Entfaltung eines jeden Familienmitgliedes in die Gesamtheit ihres Familiensystems zu integrieren. Bei der Erhebung der gewünschten Veränderungen mit jedem einzelnen setzt der Therapeut sprachliche Voraussetzungen (Vorannahmen) gezielt an. Diese von dem Therapeuten angewandten sprachlichen Vorannahmen werden jedoch nur in dem Maße wirksam werden, wie sie sich mit den Entfaltungsbedürfnissen der Familie decken.

Ein zweites wichtiges Muster, das in dem voranstehenden Protokoll dargestellt wurde, ist die bedächtige Art des Therapeuten, Informationen einzuholen. In dem Protokoll verwendet der Therapeut verschiedene Muster. Er beginnt mit einer Aussage über seine eigene Person *(»Ich freue mich sehr ...«)*. Als nächstes formuliert er eine Reihe von »Fragen«, die im üblichen Sinn keine wirklichen Fragen sind. Beachten Sie zum Beispiel:

»Ich bin gespannt darauf zu erfahren, was ein jeder von Ihnen ...«
»Ich weiß nicht, ob der Prozeß ... leicht oder schwer war ...«
»Ich bin neugierig, ob Sie etwas Licht ... werfen können ...«

Die besondere Sprachform, die bei diesen Fragen zur Anwendung kommt, nennt man *»eingebettete Fragen«*[2]. Wenn Fragen wie in den oben angeführten Beispielen eingebettet sind, dann verlangen sie keine Antwort, setzen jedoch einen Prozeß in Gang, in dem die Aufmerksamkeit der Zuhörer auf bestimmte Problembereiche gelenkt wird – in diesem Fall die Fragen, *welche Hoffnungen* in bezug auf *welche Veränderungen* von jedem der Familienmitglieder gehegt werden. Außerdem eröffnet diese Form der Fragestellung jedem Zuhörer die Möglichkeit zu antworten, wann er will. Mit anderen Worten läßt dies dem Zuhörer ein Maximum an Wahlmöglichkeiten, wie und wann er antworten will. Dies scheint uns gerade im Anfangsstadium der Familientherapie, wenn der Therapeut Informationen sammelt, von besonderer Wichtigkeit. In Verbindung mit diesem Muster sollte schließlich darauf hingewiesen werden, daß der Therapeut nach verschiedenen eingebetteten Fragen eine Pause macht, um jedem Familienmitglied genügend Raum für eine Antwort zu lassen, falls sich dieses dazu entschließen sollte.

Eine der Wahlmöglichkeiten, die der Therapeut hat, wenn er keine verbale Antwort auf die eingebetteten Fragen erhält, ist, ein Familienmitglied auszusuchen, mit Namen anzusprechen und um eine Antwort zu bitten. Aber selbst dann, wenn das Familienmitglied mit Namen angesprochen wird, ist der Therapeut vorsichtig mit seinen Fragen und verwendet zunächst die eingebetteten Fragen, *»Ich bin neugierig, ob Sie ... können«*. Darüber hinaus verwendet der Therapeut ein anderes wichtiges Muster, wenn er direkter wird in seinem Versuch, Informationen einzuholen – das Muster der höflichen Aufforderung *(Forderung im Konversationsstil)*[3]: Der Therapeut wünscht von Dave, dem Vater/Ehemann, daß er auf die eingebetteten Fragen, die er gestellt hat, antwortet. Aber lieber als direkt eine Aufforderung zu geben – wie zum Beispiel:

Dave, sagen Sie mir im einzelnen, was Sie ...

richtet der Therapeut an Dave eine Frage:

Können Sie mir im einzelnen sagen, was Sie ...

Später wiederum, nachdem Dave geantwortet hat, verwendet der Therapeut dieselbe Form – die höfliche Aufforderung (Forderung im Konversationsstil):

Dave, können Sie mir etwas nennen, das Ihnen fehlt?

Die Besonderheit dieses Musters besteht darin, daß die Aussage des Therapeuten, die formal zwar in eine Frage*form* gekleidet ist und legitimerweise durch ein einfaches *Ja* oder *Nein* beantwortet werden könnte, dennoch die *Macht* einer Aufforderung besitzt. Nehmen wir ein ganz gewöhnliches, alltägliches Beispiel: Sie und ein Freund befinden sich im selben Zimmer; das Telephon klingelt, und Ihr Freund schaut Sie an und sagt:

»Kannst du ans Telephon gehen?«

Dieser Satz hat die Form einer einfachen Frage, die nur eine *Ja*- oder *Nein*-Antwort verlangt, dennoch ist die typische Antwort für Sie, ans Telephon zu gehen. Mit anderen Worten, Sie werden auf diese Frage so antworten, als ob Ihr Freund Ihnen gegenüber eine direkte Aufforderung ausgesprochen hätte:

»Geh ans Telephon!«

Der Gebrauch der Ja/Nein-Form einer Frage in ähnlichen Fällen ist der höfliche Weg, eine direkte Forderung zu stellen. Wiederum überläßt der Therapeut durch gekonntes Einsetzen dieses Musters dem Familienmitglied ein Maximum an Freiheit bei den Antworten.

Wir kommen jetzt zu dem Protokoll zurück.

Therapeut: Ja, Dave; können Sie mir eine Sache sagen, die Ihnen fehlt?

Dave: Ich hätte gerne einige Dinge für mich, und ich spüre wirklich, daß meine Familie auch einige Dinge braucht.

Therapeut: Können Sie mir einige von den Dingen nennen?

Der Therapeut hat mit der Aufgabe begonnen, zu verstehen, was Dave an Veränderung wünscht. Er wird diesen Prozeß mit jedem einzelnen Familienmitglied wiederholen. Um effektive Familientherapie zu machen, muß der Therapeut sowohl verstehen, welche Fähigkeiten die Familie gegenwärtig anerkennt und einsetzt, als auch über welche Erwartungen in der Familie Einigkeit herrscht – das heißt, den gewünschten Zustand des Familiensystems, das Ziel der gemeinsamen Arbeit. Jede verbale und non-verbale Kommunikation mit Familienmitgliedern liefert dem Therapeuten Informationen, um den gegenwärtigen Status des Familiensystems zu verstehen, und zur gleichen Zeit bietet es den Familienmitgliedern eine Möglichkeit zu lernen. Durch gekonnte Kommunikation hilft der Therapeut gleich zu Beginn den Familienmitgliedern, eine realistische Zielvorstellung für ihre Veränderungen zu entwickeln – den gewünschten Status. Zu diesem speziellen Fall fragt der Therapeut den Vater, was er wünscht – welche Veränderungen in der Familie für ihn annehmbar wären, was er für sich selbst und für seine Familie wünscht. Dave versucht zu antworten; er sagt:

... daß einige Dinge fehlen ...

... hätte gerne einige Dinge für mich ...

... braucht auch einige Dinge ...

Die Ohren des Therapeuten müssen eingestimmt und offen sein, um gerade jene Aspekte der verbalen Botschaften zu entdecken, die sich nicht auf Einzelheiten aus der Erfahrungswelt des Sprechenden beziehen. Wenn der Therapeut nicht gewillt ist, so zu tun, als ob er die geäußerten Allgemeinplätze verstehen würde, dann kann er erreichen, daß diese sich mit konkretem Inhalt füllen. Das heißt, statt sich darauf zu verlassen, daß seine Auffassung von den geäußerten Allgemeinplätzen sich mit der von dem Familienmitglied intendierten deckt, kann der Therapeut Zeit und Energie darauf verwenden, um die Botschaft des Klienten, mit dem er gerade arbeitet, genauer zu bestimmen. Der Therapeut kann dies auf eine sympathische und offene Art erreichen, indem er den Betreffenden bittet, im einzelnen zu erläutern, was er unter solchen Verallgemeinerungen versteht.

Es ist wichtig für uns, zu betonen, daß der Therapeut, indem er die Muster von sprachlichen Voraussetzungen *(Vorannahmen)*, eingebetteten Fragen und höflichen Aufforderungen *(Forderungen im Konversationsstil)* anwendet, um Informationen zu sammeln und um mit den Familienmitgliedern individuelle Verträge auszuhandeln, zur gleichen Zeit auch Informationen anbietet. Der Therapeut zeigt, wie er die von der Familie ausgehenden Botschaften versteht; wenn er zum Beispiel Fragen stellt wie:

»Welche Veränderungen im einzelnen erhoffen Sie für sich?«

dann gibt er eine feine Interpretation dessen, was die Therapiebereitschaft der Familie für ihn bedeutet – nämlich, daß ihre Aufgabe in Veränderungen besteht. Dieser Vorgang des Gebens und Nehmens ist sowohl ein *Beispiel* für Kommunikation als auch eine Kommunikation *an sich*.

In jeder Antwort von Dave kann der Therapeut eine Sprachform erkennen, mittels derer es Dave nicht gelingt, dem Therapeuten einige Besonderheiten aus seiner Erfahrung zu verdeutlichen – die Form: *einige Dinge*. Dies ist ein Beispiel für ein übliches Muster – Ratsuchende, die zu uns kommen, können oft nicht genau sagen, was sie sich wünschen oder erhoffen. Unsere Aufgabe ist dann, ihnen zu helfen, konkret zu werden. Ob auf eine solche Konkretisierung hingearbeitet werden muß, kann aus den Worten abgelesen werden, die in der Kommunikation mit anderen verwendet werden. Wenn der Teil einer Aussage einen spezifischen Erfahrungsbereich des Zuhörers anspricht, dann sagen wir, daß dieser Teil einen *Bezugsindex*[4] hat. Wenn in einer Aussage dies aber nicht gelingt, dann sagen wir, daß es hier keinen Bezugsindex gibt. Alle Antworten, die Dave gab, ließen diese Möglichkeit, einen Teilbereich der Erfahrung des Therapeuten anzusprechen, vermissen (er hatte keinen *Bezugsindex*). Dies ist ein Signal für den Therapeuten, den Sprecher um einen Bezugsindex zu bitten:

»Können Sie mir eine Sache sagen . . .«

»Können Sie mir einige von den Dingen nennen . . .«

Hier erhält Dave systematische Unterstützung von dem Therapeuten, um zu identifizieren, was er wünscht. Zur gleichen Zeit vermittelt der Therapeut den Familienmitgliedern einen effektiven Kommunikationsmodus. Wenn der Therapeut etwas hört, was er nicht mit seiner eigenen Erfahrung in Zusammenhang bringen kann, dann nennt er den Teil der Aussage, den er nicht verstehen konnte, und fragt nach, anstatt die Kommunikation ineffektiv dahintreiben zu lassen, vorzugeben, daß er wirklich alles verstanden habe, oder so zu tun, als ob er die Gedanken von Dave lesen könne. Alle Vermutungen müssen eliminiert werden. Durch die Forderung nach klarer Kommunikation vermittelt der Therapeut der Familie die Botschaft, daß er beides ernst nimmt, sowohl seine Fähigkeit zu verstehen als auch ihre Fähigkeit zu kommunizieren, und daß er darum bemüht ist, *wirklich* zu verstehen, was sie wollen.

Therapeut: Können Sie uns einige von den Dingen nennen?

Dave: Mhm, ich weiß nicht . . . ich glaube, ich habe irgendwie den Kontakt verloren.

Therapeut: Kontakt verloren zu?

Dave: Ich weiß nicht . . . ich bin nicht sicher.

Therapeut: Dave, was genau ist das, was Sie nicht wissen, wessen Sie sich nicht sicher sind?

Dave: . . . Mhm, ich bin überhaupt nicht mehr sicher, was ich eigentlich will, für mich oder für meine Familie. Ich habe ein bißchen Angst.

Therapeut: . . . Angst vor?

Der Therapeut setzt die Arbeit mit Dave fort und hilft ihm, sich Klarheit darüber zu verschaffen, was er im einzelnen für sich und seine Familie wünscht. Eine der wichtigsten *Grundformen*, deren wir uns bewußt sind, ist die Fähigkeit des Therapeuten zu erspüren, was in einem Familiensystem fehlt. Diese Fähigkeit, das Fehlende wahrzunehmen, ist von entscheidender Bedeutung, wenn man einer Familie helfen will, sich zu verändern, und sie kommt auf vielen verschiedenen Verhaltensebenen zur Anwendung. Zum Beispiel überprüfen wir, ob etwa einem einzelnen Familienmitglied die Freiheit fehlt, um die Erfüllung eines Wunsches zu bitten. Wenn diese Freiheit für irgendein Familienmitglied nicht existiert, dann versuchen wir, mit ihm Wege zur Gewinnung dieser Freiheit zu erarbeiten. Soweit dies Beispiel für etwas (an der Vollständigkeit eines Ganzen) Fehlendes. Der Prozeß des Ausfindigmachens von Erlebnislücken und die Arbeit mit dem Betroffenen, zur Schließung dieser Lücken oder zur Vervollständigung unvollständiger Erfahrungen – irgendwelchen Dingen also eine ganzheitliche Gestalt zu verleihen –, das sind die wirkungsvollsten Interventionsmöglichkeiten, die uns als Therapeuten zur Verfügung stehen. Gerade der Prozeß, auf die Ganzheit der Dinge hinzuarbeiten, ob auf einem verbalen oder non-verbalen Niveau, hat einen starken körperlichen und neurologischen Effekt auf den betroffenen Menschen.

Auf der verbalen Ebene hat Dave eine Reihe von Aussagen geliefert, die alle unvollständig waren. Der Therapeut antwortet systematisch, zunächst einmal stellt er fest, daß etwas fehlt, und dann fragt er direkt danach. So sagt Dave zum Beispiel:

»Ich habe irgendwie den Kontakt verloren.«

Wenn der Therapeut diesen Satz hört, dann versucht er, einen Sinn daraus zu entnehmen. Er hört, daß Dave seine Erfahrung mit dem Verb »Kontakt verlieren« umschreibt. Außerdem hört er Dave sagen, daß speziell er (Dave) *Kontakt verloren* habe. Aber wenn der Therapeut zu verstehen versucht, was Dave sagt, bemerkt er, daß Dave sich nicht dazu äußert, um welchen Kontakt *genau* es dabei geht. Mit anderen Worten, der Therapeut versteht zwar, daß das beschreibende Verb *Kontakt verlieren* ein Ausdruck dafür ist, daß jemand zu einer Sache oder zu einer Person den Kontakt verloren hat, aber welche Sache oder welche Person gemeint ist, bleibt offen – es fehlt – oder um es sprachformalistisch auszudrücken –, es wurde gelöscht[5]. Wir können dies wie folgt darstellen: Wenn der Therapeut das Verb *Kontakt verlieren* von jemandem hört, dann weiß er, daß damit ein Prozeß angesprochen wird, der beides einbezieht, sowohl die Kontakt aufnehmende Seite als auch die Seite, zu der Kontakt aufgenommen wird.

KONTAKT VERLIEREN

/ \

Person/Sache »Kontakten« — Person/Sache »Kontaktet werden«

KONTAKT VERLIEREN (Person/Sache kontakten, Person/Sache kontaktet werden).

Das Erstaunliche dabei ist, daß der Zuhörer (in diesem Fall der Therapeut) den Satz selbst dann, wenn der eine oder andere Teil fehlen sollte, über seine sprachliche Intuition vervollständigen kann. Wenn zum Beispiel der Therapeut oder irgend jemand, der die deutsche Sprache beherrscht, den folgenden Satz hört, dann versteht er, daß darin mehr als Vordergründiges enthalten ist.

Ich habe Kontakt verloren → Kontakt verloren (ich, jemand, etwas).

Eine der Versuchungen für den Therapeuten ist es, den gelöschten Teil der Information mit seinem eigenen Verständnis zu füllen und dabei die Gelegenheit zu verpassen, genauer zu erkennen, was dem betreffenden Familienmitglied eigentlich fehlt.

Da der Therapeut von seiner eigenen Sprachintuition ausgehen kann, um zu bestimmen, ob etwas fehlt, ist es ihm möglich, durch Zuhören, systematisches Antworten und gezieltes Fragen Dinge ans Licht zu bringen, die vorher nur implizit vorhanden waren.

Dave	Fehlender Teil	Therapeut
Ich weiß nicht	... weiß was ...	Was wissen Sie nicht?
Ich habe Kontakt verloren	... Kontakt verloren zu was	Welchen Kontakt haben Sie verloren?
Ich weiß nicht	... weiß was ...	Was wissen Sie nicht?
Ich bin nicht sicher	... sicher über ...	Wessen sind Sie sich nicht sicher?
Ich habe ein bißchen Angst	... Angst wovor ...	Wovor haben Sie Angst?

Wenn der Therapeut genau zuhört und reichlich von seiner sprachlichen Intuition Gebrauch macht, dann kann er Dave beim Erkennen seiner Lücken systematisch unterstützen.

Therapeut: ... Angst vor?

Dave: Nun, ich weiß, daß Marcie (Mutter/Ehefrau) von mir abhängig ist.

Therapeut: Woher wissen Sie, daß Marcie von Ihnen abhängig ist, Dave?

Dave: Mhm, ich kenne sie ziemlich gut; ich fühle es geradezu.

Therapeut: Ja, ich verstehe, daß Sie sie ziemlich gut kennen; was ich außerdem noch verstehen möchte, ist die Kommunikation zwischen Ihnen beiden. Können Sie mir genau sagen, wie Sie sich gerade eben fühlten, als sie von Ihnen abhängig war?

Dave: Sicher; sehen Sie nur, wie sie mich anschaut – daran erkenne ich, daß sie von mir abhängig ist.

Worte sind Träger von Bedeutungen. Wir müssen verstehen, daß diese Worte idiosynkratisch sind für denjenigen, der sie verwendet, daß es aber keine Garantie dafür gibt, daß der Zuhörer bezüglich der jeweiligen Wortbedeutung der gleichen Meinung ist. Deshalb ist ein Abklären immer notwendig.

Wenn wir unser Sprachsystem zur Beschreibung unserer Erfahrung verwenden, wählen wir die Wörter, die wir für die Vermittlung bestimmter Bedeutungen für geeignet halten. Wir benutzen zum Beispiel Substantiva, um bestimmte Erfahrungsbereiche zu beschreiben. Wie schon früher erwähnt, gelingt es uns nicht, mit der größtmöglichen Klarheit zu sprechen, wenn wir Substantiva gebrauchen, die keinen Bezugsindex zu einem spezifischen Teil der Erfahrung des Zuhörers haben. Wenn wir von uns erlebte Prozesse oder Beziehungen beschreiben wollen, gebrauchen wir (wenn auch oft unbewußt) bevorzugt Verben. Auf ähnliche Weise lassen sich durch entsprechende Auswahl von sprachlichen Mitteln weitere Präzisierungen vornehmen, die zu einer größeren Klarheit der Kommunikation beitragen. Wenn ich zum Beispiel das Verb »*küssen*« wähle, um meinen Erfahrungsprozeß zu beschreiben, dann teile ich mehr Information mit, als wenn ich das Verb »*berühren*« wähle, obwohl beides genaue Beschreibungen meines Erlebnisses sind.

»*Ich küßte Judith*« im Gegensatz zu »*Ich berührte Judith*«.

Das Verb *»küssen«* vermittelt die volle Bedeutung dessen, was das Verb »berühren« enthält, mit der zusätzlichen Spezifizierung, daß ich Judith *mit den Lippen* berührte. Mit anderen Worten: *küssen = mit den Lippen berühren.* Wir können also sagen, daß das Verb »küssen« (im Verhältnis zu dem Verb berühren) spezifizierter ist; es gibt dem Zuhörer mehr Information über den zu beschreibenden Vorgang. Das Verb *»küssen«* könnte natürlich noch weiter ausgeführt werden, indem man z. B. spezifiziert, wo die Lippen den anderen beim Küssen berührten. Diese Vorgehensweise nennen wir das *»Spezifizieren von Verben«*[6].

Da der Therapeut seine Aufgabe darin sieht, den Familienmitgliedern Klarheit darüber zu verschaffen, wonach sie suchen, dient er als Modell für klare Kommunikation. Auf der verbalen Ebene der Kommunikation kann er die Verben, die die Familienmitglieder zur Beschreibung ihrer Erfahrungen verwenden, untersuchen und sie gleichzeitig darum bitten, diese Prozeßbeschreibungen so weit zu spezifizieren, bis er den Sinn ihrer Erzählungen begreifen kann. Wir haben wiederum einen Auszug aus dem Protokoll:

Dave	Therapeut
Ich weiß, daß Marcie ... ist	*Woher wissen Sie, daß Marcie ... ist?*
Ich fühle es geradezu ...	*Wie, im einzelnen, fühlen Sie sich?*

Der Therapeut besteht systematisch darauf, daß die Familie es ihm ermöglicht, ihre wechselseitigen Botschaften zu verstehen. So gibt er ein Beispiel für klare Kommunikation und zeigt den Familienmitgliedern konkret, wie sie ihre verbale Kommunikation verdeutlichen können.

Therapeut: Dave, was nehmen Sie gerade in diesem Moment wahr?

Dave: Ich habe so ein komisches Gefühl in der Magengegend; wissen Sie ... wenn Marcie mich so anschaut, dann fühle ich mich immer so seltsam.

Therapeut: In welcher Weise seltsam?

Dave: Wissen Sie, da ist eine Menge an Verwirrung ... Abhängigkeit läßt in mir ein Gefühl von Enge aufkommen.

Therapeut: Weswegen fühlen Sie sich so verwirrt, Dave?
Dave: Sie wissen ... Abhängigkeit macht mich so verwirrt ...
Therapeut: Wer ist von Ihnen so abhängig, daß es Sie verwirrt macht, Dave?

Die menschliche Sprache ist eine Tür des Verständnisses zwischen dem Sprechenden und dem Angesprochenen. Zu verstehen, wie die menschliche Sprache dies zuwege bringt, ist für den Therapeuten von großer Bedeutung. Aus diesem Grund wollen wir im einzelnen aufzeigen, wie dieses Konzept in dem vorliegenden Interview dargestellt wird.

Es gibt einige wichtige Muster in diesem Abschnitt des Protokolls. Zuallererst hat Dave ein Sprachmuster verwendet, das als *Substantivierung*[7] bekannt ist. Mit Substantivierung wird jener linguistische Prozeß bezeichnet, der abläuft, wenn die Beschreibungsform von eher statischen Erfahrungsanteilen auf Erfahrungen übertragen wird, bei denen persönliche Aktivität eine wesentliche Rolle spielte. In der Regel werden Substantiva verwendet, um trägere Anteile unserer Erfahrung darzustellen – Stuhl, Tisch, Ofen, Spiegel usw. –, auf der anderen Seite dienen Verba der Schilderung unserer dynamischeren Erfahrungswelt – laufen, springen, beobachten, zuhören usw. Durch den Sprachprozeß der Substantivierung kommt es dazu, daß die aktiven Erfahrungsanteile auf statische Weise beschrieben werden. In den folgenden zwei Sätzen zum Beispiel scheinen die schräggedruckten Worte in der Funktion von Substantiva zu sein.

Ich sehe *Katzen.*

Ich sehe *Frustration.*

Das Wort »Katzen« dient der Unterscheidung einer besonderen Tiergattung aus dem jeweiligen Erfahrungsbereich, während das Wort »Frustration« etwas ganz anderes meint. *Frustration* wird mit dem Verb *frustrieren* assoziiert, das in Klang und Schriftbild eine gewisse Ähnlichkeit aufweist und dieselbe Bedeutung hat. Das Verb *frustrieren* bezeichnet einen Vorgang, durch den *jemand* oder *etwas jemanden* frustriert. Wenn wir visuelle Darstellung verwenden, wie sie in der Diskussion des sprachlichen Prozesses der Löschung beschrieben wurde, dann gelangen wir etwa zu der folgenden Form:

FRUSTRIEREN *(der oder das Frustrierende, der Frustrierte)*

Wenn der Therapeut seine Intuitionen bezüglich der Bedeutung überprüft, kann er auf diese Weise entdecken, daß dieser Satz mehr enthält, als zunächst bei oberflächlicher Betrachtung ersichtlich ist. Konkret ergibt sich:

»Ich sehe Frustration → SEHEN (ICH, FRUSTRIEREN *[jemanden oder etwas, jemand])*.

In dem genannten Beispiel kommt zu dem sprachlichen Ablauf, der ein Substantiv an die Stelle eines Verbums setzt (der Prozeß der Substantivierung), noch das Phänomen der Löschung jener Information hinzu, die mit der ursprünglichen Form der Beschreibung durch ein Verbum verknüpft war.

In dem Protokoll verwendet Dave zwei Substantivierungen, *Verwirrung* und *Abhängigkeit*. Da der Therapeut ununterbrochen versucht, das gegenwärtige Familiensystem zu verstehen und das, was die Familienmitglieder wollen, begegnet er diesen Substantivierungen ständig. Wie es für Substantivierungen typisch ist, wurde von der Information, die mit dem Verb für die Beschreibung des Vorganges assoziiert war, so viel gelöscht, daß der Therapeut die Mitteilung von Dave nicht mehr völlig verstehen kann. Dann findet der folgende Austausch statt:

Dave	Therapeut
Eine Menge an Verwirrung ...	*Weswegen fühlen Sie sich so verwirrt?*
Abhängigkeit macht mich ...	*Wessen Abhängig-Sein von Ihnen macht Sie ...*

Beachten Sie, daß der Therapeut systematisch in seinen Reaktionen ist; er identifiziert die Substantivierungen und

a) verwandelt das Substantiv zurück in ein Verb:
   Verwirrung → sich verwirrt fühlen
   Abhängigkeit → abhängig sein
b) vermutet, daß auch Dave selbst zu dem gehört, was durch die Substantivierung gelöscht wurde.
   Eine Menge an Verwirrung → *weswegen* fühlen Sie sich verwirrt?
   Abhängigkeit macht → *wessen* Abhängig-Sein von Ihnen macht Sie ...
c) Fragt nach dem anderen Teil der Substantivierung, die gelöscht wurde:
   Verwirrung → weswegen *fühlen Sie sich verwirrt?*
   Abhängigkeit macht → wessen *Abhängig-Sein von Ihnen macht Sie ...*

Bei unseren Bemühungen, Substantivierungen in der Kommunikation von Familienmitgliedern im Rahmen der Familientherapie zu identifizieren und zu hinterfragen, haben sich zwei Wege als gangbar erwiesen. Zunächst einmal sind Menschen unfähig zu Auseinandersetzungen, wenn sie *Prozesse* als *Ereignisse*, statisch und fixiert erleben und ihnen dabei die Information über diesen Prozeß weitgehend verlorengeht. Wenn das fehlende Etwas, auf das sie in ihrem Leben aus sind, als Prozeß beschrieben wird, dessen Teile identifiziert sind, dann besteht eine Möglichkeit für sie zu handeln, den Prozeß zu beeinflussen und zu verändern, um das Gewünschte zu bekommen. Das Verständnis dessen, was sie in ihrem Leben dorthin brachte, wo sie gerade stehen, hilft ihnen, den nächsten Schritt zu erkennen, um das für sich selbst Gewünschte zu bekommen. Wenn sie sich allerdings das, was sie wünschen, als *Ereignis* vorstellen und dabei die Mehrzahl der Phasen außer acht lassen, haben sie wenig Hoffnung, es zu beeinflussen und zu verändern. Sie sind dann buchstäblich Opfer ihrer Vorstellung. Wenn die Substantivierungen in Prozeßdarstellungen verwandelt werden und die Phasen des Prozesses identifiziert sind, dann wird eine Auseinandersetzung möglich. Dave ist verwirrt und weiß nicht, was er tun soll, wenn Marcie ihn auf eine bestimmte Art ansieht. Das Verständnis des *speziellen Vorgangs*, wodurch »die große Verwirrung« gestiftet wird, ist ein erster wichtiger Schritt, dies zu verändern.

Zum zweiten sind sich die Mitglieder einer Familie, die hilfesuchend zu uns kommt, meist darin einig, die Dinge, nach denen sie suchen, durch Substantivierungen zu beschreiben, wie Liebe, Wärme, Unterstützung, Rücksichtnahme, Behaglichkeit etc. Achtet der Therapeut in einer solchen Situation nicht genau darauf, daß diese Wörter für jedes Familienmitglied mit Erleben verbunden werden (Ent-Substantivierung von Substantivierungen), daß durch Löschung entstandene Lücken wieder gefüllt werden etc., dann besteht wenig Hoffnung, daß die einzelnen zufriedengestellt werden. Mit anderen Worten: da jedes Familienmitglied mit Begriffen wie Liebe, Wärme etc. eine andere Erfahrung verbindet, werden diese Begriffe von jedem auch mit anderen Erlebnissen (Ent-Substantivierung von Substantivierungen) verknüpft. Was der eine als Wärme empfindet, mag für den anderen erdrückend sein. Durch das systematische Verbinden von Wörtern mit speziellen Erlebnisinhalten (Ent-Substantivierung) bei jedem einzelnen Familienmitglied kann der Therapeut einzelne Erfahrungen oder ganze Bündel von Erfahrungen ausfindig machen, die von allen Familienmitgliedern als Erfüllung von Wünschen und Hoffnungen sowohl für sich selbst als Einzelpersonen als auch für die ganze Familie akzeptiert werden. Durch die Ent-Substantivierung verhilft der Therapeut jenen Erfahrungen zum Durchbruch, die die Familie zufriedenstellen werden und die eine Basis für seine weitere Arbeit darstellen. Diese Erfahrungen machen den *gewünschten Status* des Familiensystems aus; sie erlauben dem Therapeuten, einen Vergleich zu ziehen zwischen dem aktuellen Entwicklungspotential der Familie einerseits und den Anforderungen, die eine von allen gewünschte Veränderung (durch den Prozeß der Ent-Substantivierung) mit sich bringt. Durch diesen Prozeß wird für den Therapeuten und die Familienmitglieder eine Richtung festgelegt, die Erfahrungen der Familientherapie zu organisieren.

Wenn man die verbale Technik der Ent-Substantivierung anwendet, dann geschieht es unserer Erfahrung nach häufig, daß ein Familienmitglied mit einer Substantivierung beginnt und bei deren Verknüpfung mit speziellen Erlebnisinhalten eine weitere Substantivierung als eines der fehlenden Teile heranzieht. Zum Beispiel:

Dave: Wissen Sie, da ist eine Menge an Verwirrung ...
Therapeut: Weswegen fühlen Sie sich so verwirrt, Dave?
Dave: Abhängigkeit macht mich so verwirrt ...

Beachten Sie, was hier passiert ist: Dave verwendet eine Substantivierung, Verwirrung, die irgendwie mit einem Erfahrungsbereich von Dave zusammenhängt, den er verändern will. Der Therapeut wendet die verbale Ent-Substantivierung an. Dave antwortet mit einem der fehlenden Teile; allerdings ist das von ihm gebrachte fehlende Stück selbst wiederum eine Substantivierung. Der aufmerksame Therapeut wendet wieder die verbale Ent-Substantivierung an:

Therapeut: Wessen Abhängig-Sein von Ihnen macht Sie so verwirrt, Dave?

Diese Art von Zyklus finden wir häufig in unserer Arbeit der Familientherapie. Durch die systematische Anwendung der Technik der verbalen Ent-Substantivierung auf jede Substantivierung unterstützt der Therapeut das Familienmitglied erfolgreich dabei, herauszufinden, durch welche Prozesse genau er bestimmte Erfahrungen wahrnehmen kann und andere nicht. Dieser Prozeß der zyklischen

Ent-Substantivierung (durch die Verknüpfung der Wortbeschreibungen mit Dingen, aus der »wirklichen« Erfahrungswelt) erlaubt sowohl dem Therapeuten als auch den Familienmitgliedern, die speziellen Erfahrungen zu verstehen, die sie zusammen machen können, um den Prozeß der Veränderung und des Wachstums fortzusetzen.

In dem bislang besprochenen Abschnitt des Protokolls findet sich ein zweites wichtiges Muster, und zwar ist es in den Aussagen von Dave enthalten:

Abhängigkeit läßt in mir ein Gefühl von Enge aufkommen ...
Abhängigkeit macht mich so verwirrt ...

Diese beiden Sätze haben dieselbe Form – beiden gemeinsam ist die Behauptung, daß bestimmte Gefühle eines Menschen ihren Ausgangspunkt von außerhalb (Abhängigkeit) dieses Menschen haben. Mit anderen Worten: es wird festgestellt, daß bestimmte Erlebnisinhalte auf Ursachen zurückzuführen sind, die sich der Kontrolle durch den betreffenden Menschen entziehen. Um mit den Linguisten zu sprechen, könnte man eine bestimmte Klasse von Sätzen als »semantische Mißbildungen«[8] bezeichnen, wie zum Beispiel:

Max veranlaßt Sue, dienstags 357 Pfund zu wiegen,

oder

Mildred zwingt Tom, sonntags acht Fuß groß zu sein.

Es wird deutlich: Sätze dieser Art gehen von Voraussetzungen aus, die unsere selbstverständliche Vorstellung über funktionale Zusammenhänge in der Welt auf den Kopf stellen. Im einzelnen gehen diese Sätze davon aus, daß ein Mensch einen anderen dazu bringt, eine bestimmte Erfahrung zu machen. Da es sich jedoch dabei um eine Erfahrung handelt, die sich nach allgemeiner Überzeugung der Beeinflußbarkeit durch den Menschen entzieht, ergeben die Sätze buchstäblich keinen Sinn. Mit anderen Worten, da Sue (oder irgend jemand anderes) nur geringen Einfluß darauf hat, was sie an einem bestimmten Tag der Woche wiegt, ergibt es keinen Sinn, daß Max sie veranlaßt, ihr Gewicht in dieser Weise zu beeinflussen.

Im therapeutischen Kontext erscheint uns speziell eine Dimension dieser linguistischen Klasse als äußerst nützlich. Im einzelnen wird jeder Satz wie:

Er macht mich traurig

als semantische Mißbildung nach dem Ursache-Wirkung-Schema bezeichnet[9]. Einige Beispiele mögen Ihnen helfen, das Muster in Ihrer Erfahrung zu identifizieren:

Sie macht mich wirklich verrückt.

Er macht sie wirklich traurig.

An der Küste entlang wandern verschafft mir ein Gefühl der Erfrischung.

Wir verstehen, daß diese Sätze eine gültige Beschreibung der Erfahrung eines Menschen sein mögen; was uns jedoch bemerkenswert erscheint, ist, daß der kausale Zusammenhang, den jeder dieser Sätze vorauszusetzen scheint, nicht nötig ist. In unserer therapeutischen Arbeit haben wir festgestellt, daß allzuoft der Schmerz eines Menschen, dessen Mangel an Freiheit und Wahlmöglichkeiten verbunden sind mit den Erfahrungsbereichen, die in den erwähnten kausalitätsbezogenen semantischen Mißbildungen zum Ausdruck kommen. Dies nimmt dann normalerweise folgende Formen an:

Dies hat das verursacht.

Ich bin hilflos.

Es ist endgültig.

Wir legen großen Wert darauf, daß unsere Klienten mit unserer Unterstützung lernen, sich frei zu entscheiden, ob es jemandem *notwendigerweise* gelingen wird, mit einer Geste, einer Handlung, einem Lächeln, einem Wort etc. eine ganz bestimmte Wirkung auf sie auszuüben oder nicht. Menschen, die über eine solche Entscheidungsfreiheit nicht verfügen, sind in der Regel auch nicht in der Lage, über ihr Leben eigenverantwortlich zu bestimmen. Speziell als Therapeuten haben wir die Möglichkeit, Menschen zu dieser Entscheidungsfreiheit zu verhelfen, und zwar dadurch, daß wir sie ständig auffordern, jene Vorgänge zu beschreiben, die bei ihnen Gefühle und Empfindungen erzeugen und somit ihr gesamtes Erleben steuern. Der Prozeß, in dessen Verlauf wir versuchen einem Klienten klarzumachen, woran es im einzelnen liegt, daß er nicht in der Lage ist, frei über die Form seiner verbalen und non-verbalen Kommunikation mit anderen zu entscheiden, enthält in der Regel Sprachmuster, die wir schon dargestellt haben, nämlich die Ent-Substantivierung und die Spezifizierung von Verben. Dieses Modell hat sich in der Tat immer wieder als nützlich erwiesen.

Wir kommen jetzt auf das Protokoll zurück.

Dave: Sie wissen, Abhängigkeit macht mich so verwirrt.

Therapeut: Halten Sie einen Moment inne, Dave; lassen Sie mich sehen, ob ich dies verstehe. Wenn Sie bemerken, daß Marcie Sie auf eine bestimmte Weise ansieht, dann wissen Sie, daß sie von Ihnen abhängig ist, und Sie haben ein Gefühl von Enge, stimmt das, Dave?

Dave: Ja, das ist richtig. Ich habe dies nie in den Griff bekommen können; Sie wissen ganz genau wie ich mich fühlte, als Sie dies gerade eben sagten.

Therapeut: Wir wollen das überprüfen, Dave. (Er wendet sich an Marcie, die Frau/Mutter in der Familie.) Marcie, Sie haben gehört, was in Dave vorgeht, wenn er durch eine bestimmte Art, wie Sie ihn ansehen, erlebt, wie abhängig Sie von ihm sind, und ich möchte gerne wissen, ob ...

Dave: (unterbricht) Ja, weißt du, Marcie, ganz genau wie jetzt, wenn deine Augen schmal werden und du dich vorbeugst, ich weiß, daß du unglücklich mit mir bist und ...

Therapeut: Warten Sie, Dave. (Wendet sich wiederum an Marcie.) Marcie, sind Sie unglücklich mit Dave in eben diesem Moment?

Marcie: Nein, ich versuche gerade zu verstehen, was hier vor sich geht, und ...

Die Annahme, Gedanken und Gefühle anderer Menschen genau zu erkennen, ohne daß von diesen Menschen eine direkte Mitteilung ausgegangen wäre, ist für viele Familienmitglieder eine ständige Quelle von Schmerz und Frustration. Wir nennen dieses Phänomen »semantische Mißbildung durch Gedankenlesen«[10]. Gedankenlesen geschieht in jeder Situation, in der ein Mensch für sich beansprucht, Zugang zu dem inneren Erleben eines anderen Menschen zu haben, ohne eine direkte Vermittlung von dessen Erleben. Häufig nimmt dies die folgende Gestalt an:

Wenn du mich lieben würdest, dann würdest du mich ohne Worte verstehen.

Ausschnitte aus dem Protokoll:

Dave	Reaktion des Therapeuten
Ich weiß, daß Marcie von mir abhängig ist.	*Wieso wissen Sie, daß Marcie ... ist?*
Ich weiß, daß du unglücklich mit mir bist.	*Wieso wissen Sie im einzelnen, daß ...*

Diese beiden Gesprächsauszüge verdeutlichen sowohl die Gedankenlese-Methode als auch eine der Möglichkeiten, wie der Therapeut diesen Prozeß sinnvoll hinterfragen kann, indem er um detaillierte Auskunft darüber bittet, wie die betreffende Person (in diesem Fall Dave) die vermeintlichen Informationen erhalten hat. Der Vorgang des Gedankenlesens ist eine der tragischsten Verwicklungen, in deren Verlauf Menschen mit den besten Absichten in einer Familie die Kommunikation zerstören und Leid verursachen können. Wir wissen, daß es möglich ist, einen großen Teil von dem inneren Erleben eines anderen Menschen zu verstehen, ohne daß dieser es im einzelnen mit Worten beschreiben muß. Eine der Fertigkeiten, die wir in unserer Arbeit als Therapeuten ständig verbessern müssen, ist die Fähigkeit, die Erlebnisweise eines anderen Menschen zu erkennen und zu verstehen durch die analogen (non-verbalen) Botschaften, die er uns übermittelt. Der Klang seiner Stimme, die Haltung, die Bewegungen von Händen und Füßen, die Geschwindigkeit der Sprache – all dies sind wichtige Mitteilungen, die wir alle für unsere Arbeit nutzbar machen. Wir akzeptieren für uns selbst die Regel, explizit zu überprüfen, ob wir die non-verbalen Botschaften richtig verstanden haben, bevor wir unser vermutetes Verstehen dieser Botschaften als Basis für weitere Kommunikation verwenden. Was uns immer wieder auffällt, ist die Tatsache, daß Menschen in Streß-Situationen dazu neigen, sich die Gemütsverfassung eines anderen vorzustellen, um dann diese Vorstellungen zur Grundlage weiteren Handelns zu machen, ohne sie auf ihre Richtigkeit überprüft zu haben. Wenn dieser Prozeß des Gedankenlesens ohne Überprüfung erst einmal begonnen hat, wird klare Kommunikation immer schwieriger, bis sie schließlich überhaupt nicht mehr möglich ist und sich die Familie in der Krise befindet. Unserer Erfahrung nach ist die Fähigkeit des Therapeuten, die Gedankenlese-Methode zu erkennen und wirksam zu verhindern, eine der wichtigsten Interventionen, um einer Familie zu helfen, von einem starren, geschlossenen System wegzukommen zu einem, das Freiheit für Wachstum und Veränderung zuläßt.

Eng mit dem Muster des Gedankenlesens zusammenhängend ist das Muster der »Teil-Äquivalenz«[11], die Art und Weise, wie Leute ihre Erfahrungen benennen:

Therapeut	Dave
Sagen Sie mir genau, wie Sie sich gerade eben fühlten, als sie von Ihnen abhängig war.	*Sicher; sehen Sie nur, wie sie mich anschaut – daran erkenne ich, daß sie von mir abhängig ist.*
Ich möchte gerne wissen, ob ...	*Wenn deine Augen schmal werden und du dich vorbeugst, ich weiß, daß du unglücklich mit mir bist.*

Dave gibt uns eine ausgezeichnete Illustration dafür, wie Menschen ihre Erfahrungen eichen. Dave hat beschlossen, daß Marcie immer dann von ihm abhängig ist, wenn sie ihn auf eine bestimmte Weise (nicht spezifiziert) ansieht. Sie erfährt einen inneren Gefühlszustand, den er »Abhängigkeit« nennt. In dem zweiten Beispiel hat Dave sich darauf festgelegt, daß Marcie unglücklich mit ihm ist, wann immer sie ihre Augen zusammenkneift und sich vorbeugt. In beiden Fällen hat Dave einen Teil des beobachtbaren Verhaltens von Marcie mit dem gleichgesetzt, was überhaupt an Kommunikation von ihr ausgeht, und dann hat er es als ein inneres Erleben etikettiert.

Beispiel für Muster der Teil-Äquivalenz

Beobachtbares Verhalten		Inneres Erleben
Marcie schaut auf eine bestimmte Weise.	=	*Marcie ist abhängig von Dave.*
Marcies Augen werden schmal und sie beugt sich nach vorne.	=	*Marcie ist unglücklich mit Dave.*

Was wir hier verdeutlichen wollen ist, daß man sich selbst Leid zufügt und Probleme schafft, wenn man ein Wort (Etikett) für einen Teilaspekt der Erfahrung wählt und dieses Etikett dann für die Summe der Erfahrungen hält. Ein gewaltiges Phänomen, das in unserer Arbeit immer wieder auftaucht, ist die Tatsache, daß Menschen ihre besondere Aufmerksamkeit auf unterschiedliche Teilaspekte ihrer Erfahrung lenken und folglich dahin kommen können, dasselbe Etikett für sehr verschiedene Erfahrungen zu verwenden. Für Menschen zum Beispiel, die ausgedehnten Gebrauch von ihren visuellen Fertigkeiten machen, wird das Wort *»Bezie-*

hung« normalerweise etwas mit Blickpunkt zu tun haben, während andere, die das Schwergewicht auf Körperempfindungen legen (kinästhetisches Darstellungssystem), ihre Aufmerksamkeit auf die Art der Berührung mit anderen richten werden. Es werden hier also dieselben Worte von verschiedenen Menschen zur Beschreibung sehr unterschiedlicher Erfahrungen benutzt. Wir nennen diesen Prozeß Teil-Äquivalenz (Erfahrungen werden durch bestimmte Begriffe repräsentiert); das Bemerkenswerte besteht dabei darin, daß diese bei verschiedenen Menschen sehr unterschiedlich sind, mit anderen Worten, statt daß Dave um Rückmeldung bittet (zum Beispiel, indem er Marcie fragen könnte, was vor sich geht), hat er seine Erfahrung so geeicht, daß er schon weiß, was Marcie fühlt, wenn diese sich nur in einer ganz bestimmten Weise bewegt. Achten Sie darauf, daß der Therapeut zwei verschiedene Reaktionsweisen auf die Gedankenlese/Teil-Äquivalenz-Aussagen zeigt. Zunächst einmal bestätigt der Therapeut den Anspruch, den Dave bezüglich des Gedankenlesens und des speziellen von ihm praktizierten Teil-Äquivalenz-Aussagen erhebt. Dies dient zwei Zwecken: Der Therapeut prüft, ob er den Gedankenlese-Prozeß, wie Dave ihn darstellt, richtig versteht; zur gleichen Zeit gibt die Wiederholung des Therapeuten Dave die Möglichkeit, eine vollständige Beschreibung des Geschehens zu hören. In der Tat werden diejenigen, mit denen wir häufig zusammenarbeiten, laut lachen, wenn das aktuell ausgetragene Wortgefecht ihnen wiederholt wird und sie erkennen, daß der postulierte Zusammenhang falsch ist. Anderen wiederum gibt die Wiederholung des Therapeuten eine erste Gelegenheit, den Vorgang vollständig zu verstehen. Die Antwort von Dave ist ein gutes Beispiel dafür:

Ich habe dies nie in den Griff bekommen können, Sie wissen ganz genau, wie ich mich fühlte, als Sie dies gerade eben sagten ...

Die zweite Reaktion, die der Therapeut zeigt, besteht darin, das Gedanken-Lese/Teil-Äquivalenz-Muster in der Familie außer Kraft zu setzen, indem er sich dem mitbetroffenen Familienmitglied zuwendet (in diesem Fall Marcie) mit der Bitte, zu sagen, ob das Gedankenlesen und die Teil-Äquivalenz-Aussagen (von Dave) richtig waren. Wie das Protokoll zeigt, hatte Dave Halluzinationen. (Wir gebrauchen diesen Begriff [halluzinieren], wenn wir Ideen meinen, die »entstehen«, wenn Fakten nicht verfügbar sind. Unser Gehirn muß aus allem *etwas* machen. Der Begriff soll hier nicht in einem pathologischen, sondern lediglich in einem beschreibenden Sinn verstanden werden.) Marcie war in der Tat zu diesem Zeitpunkt nicht unglücklich mit ihm. Nach unserer therapeutischen Erfahrung ist ein Großteil des von Familienmitgliedern erlebten Leids mit geeichter Kommunikation verbunden, das heißt, Kommunikation aufgrund von Gedankenlesen und Teil-Äquivalenz-Aussagen. Diese Tatsache verleiht der Fähigkeit des Therapeuten, diese Muster zu entdecken und wirksam zu bekämpfen, große Bedeutung.

Marcie: Nein, ich versuche gerade zu verstehen, was hier vor sich geht, und ...

Therapeut: Danke, Marcie. (Wendet sich wieder an Dave.) Dave, ich möchte gerne, daß Sie etwas Neues für sich selbst und Marcie versuchen. Wollen Sie etwas Neues versuchen, Dave?

Dave: Nun, ja, o. k. ... ich will es versuchen. Was ist es?

Therapeut: Dave, ich will, daß Sie Marcie direkt anschauen und ihr sagen, wie Sie sich gerade eben fühlen, und wie Sie ...

Dave: (unterbricht) Oh, nein; ich würde wirklich gerne, aber ich kann einfach nicht.

Therapeut: Sie können nicht, Dave? Was hindert Sie?

Dave: Wie? Was mich hindert?

Therapeut: Ja, Dave, was hindert Sie daran, Marcie direkt anzuschauen und ihr zu sagen, was Sie fühlen?

Dave: Ich weiß nicht ... ich weiß wirklich nicht. Ich kann einfach nicht.

Therapeut: Dave, könnten Sie mir sagen, was passieren würde, wenn Sie es tun würden?

Dave: Was passieren würde? Ich weiß nicht ...

Therapeut: Raten Sie, Dave!

In diesem Protokollausschnitt fordert der Therapeut Dave auf, etwas Neues zu versuchen, etwas, das der zwischen ihm und Marcie bestehenden geeichten Kommunikation entgegenläuft, Gedankenlesen und Teil-Äquivalenz-Aussagen einbezogen. Die Reaktion von Dave besteht darin, daß er sagt, es sei für ihn unmöglich, der Aufforderung des Therapeuten nachzukommen: *»Ich kann einfach nicht.«* Nun weiß der Therapeut aus seiner eigenen Erfahrung – nämlich Marcie direkt anzuschauen, wenn er mit ihr spricht –, daß es für *ihn* möglich ist, sie beim Sprechen direkt anzusehen. Wenn

Dave demnach meint, daß dies unmöglich sei, dann ist sein Einspruch ein Zeichen dafür, daß er aufgefordert wurde, eine Handlung auszuführen, die außerhalb seines Weltbildes und speziell außerhalb dessen liegt, was er für sich bei Marcie für möglich hält. Eines der Muster, die uns am meisten geholfen haben, unsere Erfahrungen in der Familientherapie zu organisieren, ist unsere Fähigkeit, die Grenzen des Weltbildes der Familie zu entdecken – welche Handlungen buchstäblich jenseits der selbstgesetzten Grenzen liegen. Im natürlichen (verbalen) Sprachsystem gibt es eine kleine Anzahl von Ausdrücken, die in der Logik modale *Operatoren*[12] der Möglichkeit und Notwendigkeit genannt werden. Dies sind Wörter und Sätze, die *speziell* die Grenzen des Weltbildes des Sprechenden aufzeigen. Indem wir diese Grenzen erkennen, können wir dem betreffenden Menschen helfen, sein Bild zu erweitern, um das einzuschließen, was er für sich und seine Familie wünscht, nämlich das *Beste* aus dem zu machen, was bislang unvermeidlich zum Scheitern geführt hatte. In dem nachstehenden Austausch zwischen Dave und dem Therapeuten helfen die beiden Antworten des Therapeuten Dave dabei, die Grenzen seines Weltbildes auszudehnen, um den Veränderungsprozeß, den er für sich und Marcie wünscht, voranzutreiben.

Modale Operatoren (Dave)	Therapeutenverhalten
Aber ich kann einfach nicht ...	*Was hindert Sie?*
Ich kann einfach nicht ...	*Was würde passieren, wenn Sie es tun würden?*

Als nächstes wollen wir einige der geläufigsten Wörter und Sätze zusammenstellen, die Grenzen im Weltbild eines Menschen anzeigen, und diesen die zwei verbalen Herausforderungen gegenüberstellen, die wir als die wirksamsten erachten im Sinne der Veränderung dieser Grenzen.

Modale Operatoren der Möglichkeit	Erwiderungen des Therapeuten
unfähig zu, kann nicht, unmöglich, darf nicht, kein Weg	*Was hindert Sie?*

Modale Operatoren der Notwendigkeit	Erwiderungen des Therapeuten
müssen notwendig, keine Wahl, gezwungen sein	*Was würde passieren, wenn Sie es tun würden?*

Die Erwiderungen des Therapeuten auf diese Schlüsselwörter und -sätze, die die Grenzen der Vorstellung dessen, was für die Familie möglich ist, aufzeigen, haben unserer Erfahrung nach den Prozeß der Veränderung äußerst günstig beeinflußt. Eng verbunden mit modalen Operatoren ist der durch den folgenden Protokollteil dargestellte typische Verlauf der Kommunikation:

Dave: Oh, nein; ich würde wirklich gerne, aber ich kann einfach nicht.
Therapeut: Was hindert Sie?
Dave: Ich weiß es wirklich nicht . . . ich kann einfach nicht.
Therapeut: Dave, was würde passieren, wenn Sie es tun würden?
Dave: Ich weiß es wirklich nicht.
Therapeut: Raten Sie, Dave!

Wenn wir verbales Verhalten einsetzen, um den Familienmitgliedern zu helfen, sich zu verändern, hören wir häufig die Antwort »Ich weiß nicht«. Wir bitten sie dann oft, einfach zu raten. Wir haben beobachtet, daß die Aufforderung, zu raten, viele Menschen von dem Druck befreit, etwas genau wissen zu müssen, und aus diesem Grund können Sie relevanteres Material liefern. Durch unser Angebot, einfach zu raten, haben wir vielen Familienmitgliedern die Möglichkeit gegeben, das zur Sprache zu bringen, was der Erfüllung ihrer Wünsche im Wege steht. Wenn das Familienmitglied gebeten wird zu raten, weil es behauptet, auf eine Frage keine Antwort zu wissen, dann kommt immer eine Antwort. Obwohl eine solche Antwort scheinbar zufällig ist, basiert sie doch auf den ganz persönlichen Ansichten des Betreffenden. Deshalb sagt sie uns auch viel darüber, wie jemand seine Erfahrung organisiert, welche Quellen ihm zugänglich sind, welche Grenzen er akzeptiert etc. Wir fahren nun in dem Protokoll fort. In dem Abschnitt, den wir überspringen, arbeitete der Therapeut weiterhin im wesentlichen mit Dave und half ihm, sich darüber klar zu werden, was er für sich und seine Familie wünscht. Dem Therapeuten gelingt dies vor allem dadurch, daß er Verständnis zeigt für das, was Dave ihm erzählt; er besteht darauf, daß Dave eine Sprache benutzt, die frei ist von Substantivierungen, von Löschungen, von relativ unspezifizierten Verben oder von Substantiven ohne Bezugsindices. Wir beginnen wieder mit dem Protokoll, nachdem der Therapeut seine Aufmerksamkeit auf Marcie gerichtet hat, die Mutter/Frau in der Familie.

Therapeut: Nun, Marcie, Sie hatten jetzt Gelegenheit zuzuhören und zu beobachten, wie ich mit Dave, Ihrem Mann, arbeitete. Ich möchte gerne wissen, was Sie währenddessen gewahr worden sind. Würden Sie uns dies sagen wollen?

Marcie: Selbstverständlich, ich glaube, ich sehe ziemlich klar, was Sie zu tun versuchen. Wissen Sie – ich habe Augen im Kopf, und ich bin nicht blöd; ich kann mir ein Bild machen.

Therapeut: Was *speziell* haben Sie gesehen, Marcie?

Der Therapeut zeigt hier ein sehr wichtiges Prinzip: er hat seine verbale Kommunikation auf ein Familienmitglied gerichtet. Während dieser Zeit hatten die anderen Familienmitglieder die Gelegenheit, den Kommunikationsprozeß zwischen dem Therapeuten und Dave zu beobachten und zuzuhören. Der Therapeut fordert nun Marcie auf, ihr Erleben dieses Austausches zwischen Dave und dem Therapeuten zu schildern. Mit der Bitte um ihre Stellungnahme (mittels eingebetteter Fragen und höflicher Aufforderungen [Forderungen im Konversationsstil]) erfüllt der Therapeut verschiedene Bedingungen:

a) Er gibt allen Familienmitgliedern die Botschaft, daß er nicht nur Kommentare über deren Verhalten und den ablaufenden Kommunikationsprozeß entgegennimmt, sondern er bestätigt ihnen ausdrücklich, daß er ihre Fähigkeit, zu verstehen und Erfahrungen sinnvoll auszuwerten, ernst nimmt und daran interessiert ist, zu erfahren, was dieses Miterleben des therapeutischen Gespräches für sie bedeutet.
b) Er fordert, daß ein beobachtendes Familienmitglied ihn darüber informiert, in welchem Maße die Familie fähig ist, eigene komplexe Interaktionen zu verstehen.

Der Therapeut fordert gezielt, daß Marcie ihre Erfahrungen und ihre Sicht der Interaktion zwischen Dave und ihm darstellt. Dies ist ein wichtiger Weg, auf dem der Therapeut explizit die Botschaft vermitteln kann, daß, obwohl seine verbale Kommunikation auf Dave gerichtet war, gleichzeitig alle Familienmitglieder einbezogen sind; sie alle sind an dem laufenden Kommunikationsprozeß beteiligt. Wenn der Therapeut Marcie ermuntert, ihr Erleben der Interaktion zwischen Dave und dem Therapeuten zu beschreiben, dann bittet er sie auch, eine Lernerfahrung zu wiederholen, mit der wir alle vertraut sind. Als Kinder haben wir alle einen Großteil dessen, was wir über das Leben wissen, dadurch gelernt, daß wir unsere Eltern und andere Erwachsene beobachtet und ihnen zugehört haben. Diesmal fordert der Kontext die Beteiligten offen dazu auf »hinzuhören«, im Gegensatz zu vielen Kindheitserlebnissen, wo dies stillschweigend verboten war. Durch das ausdrückliche Wiederholen dieser Situation gibt der Therapeut Marcie die Gelegenheit, ihre alten Erfahrungen aufzufrischen – Erfahrungen, die sie in der Familie gemacht hat, aus der sie stammt.

Wir alle verarbeiten unsere Erfahrungen in dieser Welt durch Organisation und Darstellung, und zwar jeder von uns auf eine für ihn einzigartige Weise. Ich werde in dieser »unserer Welt« andere Erfahrungen machen als Sie. Aus der Kombination des genetischen Erbgutes mit der ausgedehnten individuellen Lebenserfahrung hat sich jeder von uns ein Weltbild geschaffen, das als Grundlage für unser Verhalten dient. Methodisch vollzieht sich die Entwicklung und Erarbeitung eines Weltbildes auf den drei Wegen der Modellbildung, nämlich durch Löschung, Verzerrung und Verallgemeinerung[13]. Wenn wir unsere Aufmerksamkeit nur auf ausgewählte Teilaspekte unserer Umgebung lenken und andere ignorieren, dann verwenden wir als Muster das Prinzip der *Löschung*. Wenn wir uns ein zweidimensionales Objekt vorstellen, dann *verzerren* wir. Wenn wir uns einer Tür nähern, die wir nie zuvor gesehen haben, die Hand ausstrecken und den Türknopf erfassen, drehen und die Tür aufstoßen, ohne irgendeine bewußte Entscheidung über den Ablauf, dann verwenden wir als Muster das Prinzip der Generalisierung – das heißt, wann immer wir in unserer früheren Erfahrung eine Tür mit einem Knopf sahen oder fühlten, konnten wir diese Tür erfolgreich öffnen, durch Ergreifen des Knopfes, Drehen und Aufstoßen, und aus diesem Grund generalisieren wir automatisch auf die neue Erfahrung – die neue Tür. Während jahrelanger Erfahrungen hat jeder seine eigene Strategie dafür entwickelt (meist unbewußt), wie aus diesen Erfahrungen ein Modell aufgebaut werden kann. Indem der Therapeut Marcie auffordert, zu kommentieren, was sie während des Austausches zwischen ihm und Dave wahrnahm, hat er die Gelegenheit, seine Wahrnehmung mit der von Marcie zu vergleichen. Im einzelnen kann der Therapeut, wenn er die Antwort von Marcie anhört, erfahren, welche der verschiedenen Möglichkeiten, ihre Erfahrungen darzustellen, sie bevorzugt – das heißt, welches das von Marcie am meisten verwendete *Darstellungssystem*[14] ist. Wie kann der Therapeut aus den Antworten, die er von Marcie erhält, Aufschluß darüber bekommen? Im folgenden wollen wir die deskriptiven Verben und andere Elemente der von Marcie gebrauchten Sätze zusammenstellen, die sehr eng mit Verb- oder Prozeßbeschreibungen verbunden sind:

Marcie					
denken	*klar sehen*	versuchen	tun	*Augen*	*Bild* bekommen

Wir werden uns auf diese Wörter als Prozeßwörter (Prädikate) beziehen, die im wesentlichen aus *Verben, Adverbien, Adjektiven* und *Substantivierungen* bestehen. Von den acht Prädikaten, die Marcie in ihrer ersten Mitteilung verwendet, lassen vier Wörter den Schluß zu, daß Marcie ihre Erfahrung visuell repräsentiert. Die anderen vier Prädikate geben keine Anhaltspunkte über eine besondere Art der Darstellung. Ein Mensch kann zum Beispiel etwas versuchen oder tun, indem er *Geräusche* (eine auditive Darstellungsweise) oder *Empfindungen* (eine kinästhetische Darstellungsweise) etc. zugrunde legt. Zugang zu einem der wichtigen Kommunikationsmuster von Marcie und zu ihrer Fähigkeit, Erfahrungen einen Sinn zu geben (oder zu strukturieren), findet man, indem man auf die Wahl ihrer Prädikate achtet und bemerkt, wie sie zur Repräsentation ihrer Erfahrungen Bilder entwirft oder übernimmt. In der Terminologie unseres familientherapeutischen Modells heißt das: Marcie enthüllt durch die Wahl ihrer Prädikate, daß ihr Repräsentations-System vorwiegend das visuelle ist. Als nächstes wollen wir einige Prädikate zusammenstellen, die Dave in Passagen des Protokolls benutzte, um sich auszudrücken.

Dave
fühlen, ziehen, sicher, genau sagen können, damit umgehen können, wollen, brauchen, wissen, Kontakt verloren

Von den zehn oben angeführten, von Dave verwendeten Prädikaten haben mehr als die Hälfte ein kinästhetisches Repräsentationssystem zur Voraussetzung – das heißt, Dave organisiert seine Erfahrungen, sein Weltbild über Empfindungen. Aus diesem Grund ist das von Dave hauptsächlich verwendete Darstellungssystem kinästhetisch. Die verbleibenden Prädikate, die Dave verwendet, stehen zu dieser Hypothese nicht im Widerspruch, da sie unspezifisch bezüglich eines bestimmten Darstellungssystems sind.

Wenn man das primäre Repräsentationssystem eines Menschen kennt, dann besitzt man damit unserer Erfahrung nach eine wichtige Information. Besonders günstig wirken sich diese Kenntnisse auf die Möglichkeit, effektive Kommunikation zu fördern, aus. Wenn wir uns als Therapeuten in das bevorzugte Darstellungssystem des Menschen, mit dem wir arbeiten, einfühlen können, dann haben wir die Chance, unsere Kommunikation in sein System zu übertragen. Auf diese Weise kann er uns Vertrauen schenken, denn wir zeigen ihm ja, daß wir seine laufende Erfahrung verstehen, indem wir zum Beispiel unsere Prädikate nach den seinen ausrichten. Die Tatsache, daß wir explizit darüber sprechen, wie der andere seine Erfahrungen in dieser Welt organisiert, erlaubt uns, einige der typischen Verhaltensmuster zu vermeiden wie »Patient im Widerstand – Therapeut frustriert«, wie sie in Teil I, *»The Structure of Magic«*, II, von Grinder und Bandler beschrieben werden:

»Wir haben in den vergangenen Jahren (im Rahmen von Trainingsseminaren) Therapeuten kennengelernt, die ihren Klienten Fragen stellten, ohne deren Darstellungssystem zu kennen. Sie benutzten bezeichnenderweise nur Prädikate aus ihren eigenen meist sehr hoch eingeschätzten Darstellungssystemen. Hier ein Beispiel:

Visueller Klient: Mein Mann sieht mich einfach nicht als wertvollen Menschen.

Therapeut: Wie fühlen Sie sich selbst dabei?

Visueller Klient: Was?

Therapeut: Wie fühlen Sie sich dabei, wenn Ihr Mann nicht fühlt, daß Sie ein Mensch sind?

Die Sitzung ging in diesem Stil weiter, bis der Therapeut herauskam und den Autoren folgendes sagte:

»Ich fühle mich frustriert;
diese Frau ist für mich eine harte Belastungsprobe. Sie setzt allem, was ich tue, ihren Widerstand entgegen.«

Wir haben oft miterlebt, wie aufgrund von Kommunikationsstörungen dieser Art zwischen Therapeut und Klient viele wertvolle Stunden vergeudet wurden ... Der Therapeut in dem obigen Protokoll wollte wirklich helfen, und der Klient wollte wirklich mitarbeiten, ohne daß einer von beiden sich in das Repräsentationssystem des anderen hätte einfühlen können. Die Kommunikation zwischen Menschen unter diesen Bedingungen ist in der Regel planlos und ermüdend, und nicht selten enden derartige Kommunikationsversuche mit gegenseitigen Beschimpfungen.

Es ist bezeichnend, daß kinästhetische Menschen sich über die geringe Sensibilität von auditiven oder visuellen Menschen beklagen. Die visuellen schimpfen darüber, daß die auditiven ihnen keine Aufmerksamkeit schenken, weil sie während des Gesprächs keinen Blickkontakt pflegen. Auditive Menschen klagen darüber, daß die Kinästheten nicht zuhören etc. Das Ergebnis ist gewöhnlich, daß eine Gruppe zu dem Schluß kommt, die andere sei niederträchtig oder boshaft oder pathologisch.«

Es geht uns hier darum, aufzuzeigen, welche außerordentlichen therapeutischen Möglichkeiten eine Sensibilität für Repräsentationssysteme mit sich bringt. Damit eine Veränderung stattfinden kann, damit die Menschen, mit denen wir arbeiten, bereit sind, Risiken einzugehen, damit sie sich auf dem Weg zur Veränderung unserer Führung anvertrauen, müssen wir sie davon überzeugen, daß wir ihre Erfahrungen verstehen und mit ihnen darüber sprechen können. Mit anderen Worten heißt dies, wir akzeptieren, daß es zu unserer Verantwortlichkeit als Helfer gehört, mit den Menschen, denen wir helfen wollen, in Kontakt zu kommen. Wenn dieser Kontakt einmal entstanden ist – wenn zum Beispiel die Repräsentationssysteme aufeinander abgestimmt sind –, dann können wir den Betreffenden helfen, ihren Erlebnisbereich auszudehnen, indem wir sie dazu bringen, ihre Erfahrungen darzustellen und darüber zu sprechen. Dieser zweite Schritt – nämlich das Hinführen des Individuums zu neuen Dimensionen des Erlebens – ist besonders wichtig, weil es nach unserer Erfahrung häufig vorkommt, daß sich Mitglieder einer Familie »spezialisiert« haben – der eine achtet vor allem auf die visuelle Darstellung der Erfahrung, der andere auf die kinästhetischen Erlebnisanteile etc.

Wir entdecken zum Beispiel in dem Protokoll, daß das primäre Repräsentationssystem von Dave kinästhetisch ist, das von Marcie hingegen visuell. Wenn nun der Kontakt einmal hergestellt ist, dann können wir mit Dave daran arbeiten, die *visuellen* Dimensionen seiner Wahrnehmungsfähigkeit zu entdecken, und Marcie dabei helfen, mit ihren *Körpersensationen* umgehen zu lernen[15]. Diese Vorgehensweise führt zu zwei wichtigen Ergebnissen:

a) Dave und Marcie lernen, intensiv miteinander zu kommunizieren.

b) Beide erweitern ihre Möglichkeiten, Erfahrungen darzustellen und mitzuteilen, können sich auf diese Weise weiterentwickeln – an Ganzheit gewinnen, eher in der Lage sein, sich voll in ihrem Menschsein zu entfalten.

Im Rahmen der Familientherapie kann der Therapeut, wenn ihm das bevorzugte Repräsentationssystem eines jeden Familienmitgliedes geläufig ist, herausbekommen, welche Anteile der fortlaufenden Familienerfahrung für den einzelnen jeweils am leichtesten zugänglich sind. Das Verständnis dieser Zusammenhänge erleichtert dem Therapeuten die Suche nach falschen Botschaften in den Kommunikationsmustern der Familie, nach Situationen also, in denen es den Familienmitgliedern nicht gelingt, das mitzuteilen, was sie mitteilen wollen. Wenn zum Beispiel ein Familienmitglied primär visuell und ein anderes auditiv orientiert ist, dann wird der Familientherapeut seine Aufmerksamkeit darauf richten, wie sie kommunizieren, wie sie sich gegenseitig Rückmeldung geben. Besonders unter Streß neigt jeder von uns dazu, nur auf sein eigenes primäres Repräsentationssystem zu vertrauen. Wir gehen so weit, einen *Teil* unserer Erfahrung als Äquivalent für das *Ganze* zu akzeptieren – zum Beispiel das, was wir nur *sehen*, als äquivalent anzunehmen für das, was gänzlich erfaßbar wäre nicht nur per Augenschein, sondern auch über Haut, Ohren etc. Dies erklärt die enge Verbindung zwischen Repräsentationssystemen und den Vorgehensweisen des Gedankenlesens und der Äquivalenz, wie sie von den Mitgliedern einer Familie entwickelt werden.

Bei der Besprechung der Verhaltensmuster, die wir für die Organisation unserer Erfahrung in der Therapie als brauchbar erkannt haben, sind wir an einem Punkt angekommen, an dem wir zu einer anderen Darstellungsweise der Protokolle übergehen wollen. Nachdem wir die wichtigsten verbalen Verhaltensmuster unseres familientherapeutischen Modells beschrieben haben, sind wir nämlich mit der Erläuterung des Prinzips der Repräsentationssysteme auf die nächste Ebene des Verhaltens gelangt. Die Fähigkeit zur verbalen Kommunikation und ein Gespür für die oben erläuterten Unterschiedlichkeiten sind zwar wesentliche Bestandteile eines effektiven familientherapeutischen Modells, sie stellen jedoch trotz allem einen Teilaspekt des Gesamtmodells dar. Bis zu diesem Punkt haben wir uns in der Darstellung des Protokolls auf das Berichten der verbalen Muster beschränkt. Es war unser Anliegen, auf diese Weise einen gemeinsamen Bezugspunkt zu finden, von dem aus jeder von Ihnen das hier mit Worten Beschriebene zu seiner eigenen therapeutischen Praxis in Beziehung bringen kann. Da wir diesen gemeinsamen Bezugsrahmen gefunden haben, müßten Sie in der Lage sein, so hoffen wir, sofort und auf dynamische Weise diese von uns herausgearbeiteten Muster in Ihrer Arbeit anzuwenden.

Wir werden jetzt zu Verhaltensmustern der nächsten Erfahrungsstufe übergehen, zu Verhaltensmustern, die jene von uns definierten verbalen Muster als Teilmengen enthalten.

Muster effektiver Familientherapie
Stufe II

Als menschliche Wesen besitzen wir allesamt zahlreiche Möglichkeiten, uns selbst und die Art, wie wir kommunizieren, darzustellen. Unser Begrüßen und Abschiednehmen geht jedoch meistens vonstatten, ohne daß wir eine bewußte Entscheidung über die Art unserer Kommunikation treffen. Normalerweise wird bereits die Wortwahl nicht mehr über unser *Bewußtsein* gesteuert; noch weniger bewußt verläuft die Entscheidung für bestimmte syntaktische Formen im Rahmen unserer verbalen Kommunikation. Trotzdem ist auch schon auf dieser Stufe der Kommunikation hinter der *unbewußten* Wahl eine Systematik zu erkennen, und es wird deutlich, auf welche Art wir unsere Erfahrung organisieren, entwickeln und verändern. Das ist in der Tat *ein* Weg, um die verbalen Muster zu verstehen, die wir auf Stufe I identifiziert haben. Die Verhaltensformen, für die sich jene Menschen entscheiden, mit denen wir in der Therapie gerade die Form der Sätze bearbeiten, die sie zu ihrer Selbstdarstellung benutzen, bieten dem Therapeuten einen raschen und wirksamen Einblick in das zugrundeliegende Weltbild und die von ihnen praktizierte Art der Organisation von Erfahrungen.

Die verbale Kommunikation macht nur einen Teil der komplexen kommunikativen Prozesse aus, die zwischen den Menschen ablaufen. Indem sich Menschen einander mit Worten präsentieren und dabei die von uns beschriebenen verbalen Muster benutzen, nehmen sie gleichzeitig auch bestimmte Körperhaltungen ein, bewegen sie gleichzeitig auch Hände und Füße, Arme und Beine, sei es weich oder fahrig, sei es rhythmisch oder arhythmisch; ihre Stimme kann beim Sprechen melodisch, krächzend, klangvoll oder kratzig sein; ihre Sprechgeschwindigkeit kann konstant sein, oder sie kann im Laufe der Zeit zu- bzw. abnehmen; die Bewegungen ihrer Augen können schnell sein und ihr Blick flüchtig oder der Blick bleibt starr und auf einen bestimmten Punkt gerichtet oder sie schauen ziellos irgendwohin; vielleicht ändert sich auch der Rhythmus ihrer Atmung etc. Alle diese körperlichen Äußerungen sind Aussagen, die jemand meist unbewußt macht über seine Art sich darzustellen und zu kommunizieren. Es handelt sich bei diesen Aussagen um Botschaften über jeweils aktuelle Erfahrungen unter dem Aspekt, wie damit umgegangen wird und welche Spuren sie im Bewußtsein hinterlassen. Was dem Therapeuten im Falle verbaler Verhaltensmuster möglich war, nämlich ihre Struktur aufzudecken und sie für weitere effektive therapeutische Interventionen nutzbar zu machen, läßt sich auch bezüglich der non-verbalen Botschaften erreichen: der Therapeut kann versuchen, Verhaltensmuster zu erkennen und darauf basierend Interventionen zu entwickeln, die dem Menschen helfen, sich zu entfalten und zu verändern.

Ein wesentliches Kriterium zur Beurteilung von Verhaltensmustern, das sich auch in Anbetracht der Komplexität des Problems als wirksam erwiesen hat, ist die Frage nach der *Kongruenz* bzw. *Inkongruenz* der Verhaltensmuster. Ein Mensch kommuniziert dann kongruent, wenn alle Botschaften, die er mitteilt, zusammenpassen – sie sind konsistent, eines ergänzt das andere. Inkongruente Kommunikation wird uns dargeboten, wenn zwischen den Botschaften, die jemand mit seinem Körper aussendet (z. B. Stimmlage), und den von ihm gewählten Worten Diskrepanzen bestehen. Um ein Knäuel inkongruenter Botschaften auf kreative Weise entwirren zu können, sei es in der Therapie oder im täglichen Leben, ist es erforderlich, daß unsere Empfangskanäle durchlässig sind für die gesamte Information, die erst dann für uns organisierbar wird. Die Fähigkeit des Therapeuten zu *sehen*, zu *hören* und zu *fühlen* ist nicht austauschbar. Um kongruente von inkongruenter Kommunikation zu unterscheiden, muß der Therapeut dafür sorgen, daß seine Empfangskanäle nicht gestört werden. Gelingt ihm dies nicht, dann läuft er Gefahr, entweder voreingenommen zu sein und die Botschaften des anderen nicht wahrzunehmen oder falsche Botschaften zu halluzinieren, anstatt das zu empfangen, was tatsächlich gesendet wird. Wenn es einem Therapeuten nicht gelingt, alle Sinne offenzuhalten, dann muß er in der Regel Anleihen beim Gedankenlesen nehmen und wird kaum in der Lage sein, die Botschaften seiner Klienten zu verstehen und kreativ darauf zu reagieren.

Das individuelle Nervensystem, die persönliche Geschichte und die eigene Vorstellung von der Welt kennzeichnen die Einzigartigkeit eines jeden Menschen. Ein Versuch, einem anderen Menschen zu begegnen und mit ihm ernsthaft zu kommunizieren, gibt nur dann Anlaß zur Hoffnung auf das Zustandekommen eines echten Kontaktes, wenn man sich einfühlsam bemüht, ein positives Verhältnis zu dessen Einzigartigkeit zu bekommen. Dabei kann es durchaus passieren, daß durch das Erlebnis der Verschiedenheit ein eigener Entwicklungs- und Veränderungsprozeß in Gang gesetzt wird. Ein Großteil der gängigen Erziehungsmethoden zielt darauf ab, die Menge an sprachlichen Gemeinsamkeiten mit anderen Menschen groß genug zu machen, daß Kontakte entstehen können. Es ist eine weitverbreitete Ansicht, daß für Menschen der gleichen Sprach- und Kulturgruppe die kommunikativen Möglichkeiten weitgehend von den sprachlichen Gemeinsamkeiten abhängen. Den Körpersprachen hingegen, wie Tonfall etc., wird von den auf Formales ausgerichteten Erziehungsmethoden keine Aufmerksamkeit geschenkt. Kein Wunder, denn man weiß einfach zuwenig über diese Sprachen. Das ändert aber nichts an der Tatsache, daß der Informationsaustausch zwischen den Menschen zum überwiegenden Teil mit ihrer Hilfe bestritten wird.

Die Beschäftigung mit der von Kultur zu Kultur verschiedenen Sprache der Gestik und anderer körperlicher Ausdrucksformen ist eine Möglichkeit, die Sensibilität für die von Mensch zu Mensch verschiedenen non-verbalen Ausdrucksformen zu steigern. Beispielsweise drückt in bestimmten Kulturkreisen (wie Italien) das Ausstrecken, Öffnen und Schließen der mit der Handfläche nach oben in Kinnhöhe gehaltenen Hände soviel aus wie: ›Auf Wiedersehen‹, während die gleiche Geste in den USA eher besagt: ›Komm her‹. Unserer Erfahrung nach sind ähnlich unterschiedliche Bedeutungen ein und derselben non-verbalen Ausdrucksform auch innerhalb eines Kulturkreises anzutreffen. Die zusammengezogene Augenbraue kann für den einen z. B. ein Zeichen von Ärger oder Unbehagen sein, während ein anderer dadurch lediglich seine Konzentration zum Ausdruck bringt. Oder nehmen wir den Fall, daß ein Gesprächspartner, unmittelbar nachdem ihm eine Frage gestellt wurde, das Gesicht abwendet: Für den einen mag dies Verhalten soviel bedeuten wie ›Ich fühle mich unbehaglich und will nicht antworten‹, während ein anderer vielleicht lediglich versucht, durch intensives Hineindenken in eine Situation (sich ein Bild machen) eine Antwort zu finden. Die Geste des Wegsehens könnte dann in Worten ausgedrückt etwa besagen: ›Warte noch einen Moment, ich bin gerade dabei, meine Erfahrung in Bildern zu organisieren, und will dir gleich antworten.‹ Sämtliche Elemente unserer non-verbalen Sprache stammen aus schwer zugänglichen Bereichen wie der persönlichen Geschichte oder dem eigenen Nervensystem und tauchen demgemäß kaum im Bewußtsein auf. Ähnliches gilt auch für standardisierte non-verbale Sprachelemente, sei es innerhalb oder außerhalb unseres Kulturkreises. Das Dilemma besteht darin, daß der non-verbale Austausch, der einen Großteil der menschlichen Kommunikation darstellt, mangels eindeutiger Bedeutungszuordnung viel Raum für Fehldeutungen gibt, speziell dann, wenn Gedankenlese- und Teiläquivalenz-Methode zur Anwendung kommen.

Ein relativ globales Modell des Kommunikationsprozesses, das sich jedoch als sehr brauchbar für die Einordnung von Erfahrungen erwiesen hat, besagt, daß jede verbale oder non-verbale Kommunikation als Stellungnahme zu drei Erfahrungsbereichen aufgefaßt werden kann:

Zu dem Kommunikator, dem *Selbst*
zu dem Menschen, an den die Kommunikation gerichtet ist, dem *anderen* und
zu dem *Kontext.*

Folgende Darstellung soll der Veranschaulichung dieser Dreiteilung dienen.

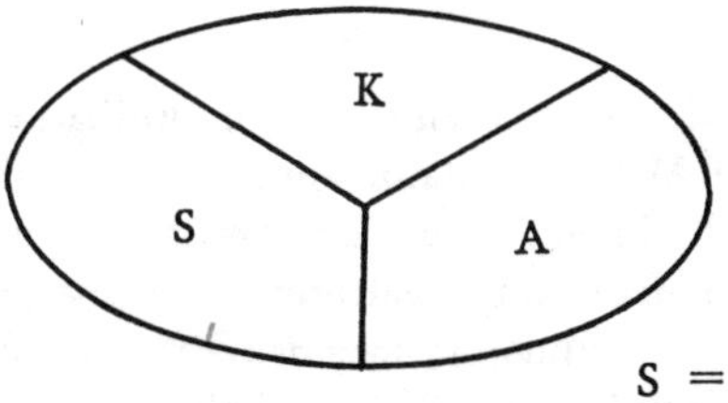

S = selbst
A = anderer
K = Kontext

Die Frage, inwieweit jemand in der Lage sei, jede dieser drei Dimensionen wahrzunehmen und darüber zu kommunizieren, hat sich als brauchbares Kriterium für die Beurteilung der von einem Menschen ausgehenden Botschaften erwiesen. Ist jemand z. B. nicht in der Lage, zu gegebener Zeit jeden dieser menschlichen Erfahrungsbereiche bewußt zu erleben und für sich selbst und andere zur Darstellung zu bringen (darüber zu kommunizieren), so steht diese momentane Unfähigkeit im Zusammenhang mit den Problemen seines Lebens, die ihn zu uns in die Therapie geführt haben. Für uns ergeben sich so Hinweise darüber, wo wir mit unserer Intervention jemandem helfen können, jeden dieser Bereiche menschlicher Erfahrung mit sinnvollem Erleben zu füllen und damit für sich selbst neue Freiheitsräume zu erschließen. Es sei darauf hingewiesen, daß auf der hier erreichten höheren Stufe des Strukturierens ähnliche modellhafte Prozesse ablaufen, wie sie für die verbalen Kommunikationsmuster unter Stufe I dargestellt wurden. Wenn ein Familienmitglied zu uns sagt: *»Ich bin erschreckt«*, dann verstehen wir, daß es einen Teil seiner Erfahrung (linguistisch) gelöscht hat, nämlich wer oder was speziell ihn erschreckt. Wenn ein Mitglied der Familie nicht in der Lage ist, sich eigener Gefühle und Gedanken bewußt zu werden und darüber zu kommunizieren oder etwas über sein Erleben des anderen Familienmitgliedes, mit dem es kommuniziert, oder über den Kontext, in dem die Kommunikation stattfindet, mitzuteilen, dann löscht es einen Teil seiner Erfahrung (auf der Verhaltensebene) und auch einen Teil dessen, was menschliches Wesen ausmacht. Der Prozeß der Wiedergewinnung gelöschter Inhalte wird unserer Erfahrung nach eine gewaltige Lernerfahrung für den einzelnen sein und dazu beitragen, daß ihm in seinem Leben mehr Wahlmöglichkeiten zur Verfügung stehen.

Virginia Satir hat vier Kategorien der Kommunikation oder Haltungen entdeckt, die Menschen dann annehmen, wenn sie unter Spannung stehen. Jede dieser Kategorien von Satir ist gekennzeichnet durch eine besondere Körperhaltung, eine spezielle Gestik, begleitende Körpergefühle und eine spezifische Syntax (vgl. V. Satir, Selbstwert und Kommunikation, Pfeiffer, Leben lernen 18, München 1975).

SATIR-Kategorien	Karikatur von
Beschwichtigen	*Gefälligkeit*
Anklagen	*Macht*
Rationalisieren	*Intellekt*
Ablenken	*Spontaneität*

1. Beschwichtigen

Worte: zustimmend (»Was du auch immer willst, ist in Ordnung. Ich existiere nur, um dich glücklich zu machen.«)
Körper: stimmt versöhnlich (»Ich bin hilflos.«)
Gedanken und Gefühle: (»Ich komme mir wie ein Nichts vor; ohne ihn bin ich tot. Ich bin nichts wert.«)

Der Versöhnliche spricht immer in einer einschmeichelnden Art und Weise; er versucht zu gefallen; er entschuldigt sich und stimmt nie gegen etwas, egal was kommt. Er ist ein Ja-Sager. Er spricht, als könnte er nichts für sich selbst tun. Er muß immer jemanden finden, der ihn anerkennt. Sie werden später merken, daß Ihnen, wenn Sie diese Rolle nur fünf Minuten spielen, übel wird und

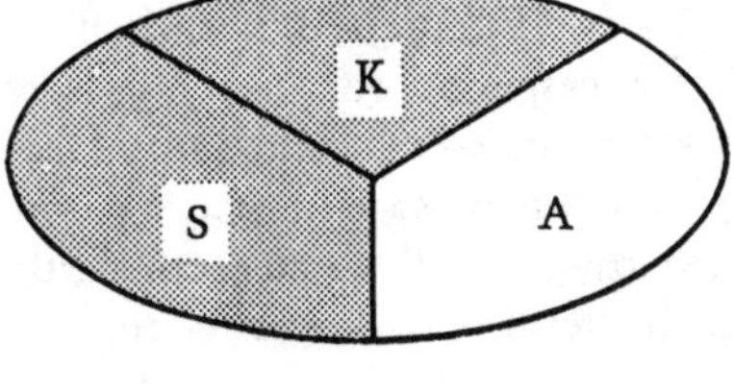

Sie brechen möchten. Um echt beschwichtigend zu wirken, hilft es sehr, sich der Vorstellung, man sei nichts wert, hinzugeben. Du kannst dich glücklich fühlen, daß man dir überhaupt erlaubt, zu essen. Du schuldest jedem Dank, und du bist wirklich für alles, was schiefläuft, verantwortlich. Du weißt, daß du den Regen hättest verhindern können, wenn du nur deinen Kopf gebraucht hättest, aber du hast gar keinen. Natürlich wirst du jeder Kritik über dich zustimmen. Du bist selbstverständlich dankbar für die Tatsache, daß jemand überhaupt mit dir spricht, egal was oder wie er es sagt. Du würdest nicht auf die Idee kommen, etwas für dich selbst zu fordern. Denn schließlich, wer bist du, daß du Forderungen stellen könntest?

Außerdem, wenn du nur gut genug wärst, würde es schon von selbst kommen. Sei die klebrigste, leidendste, Füße küssende Person, die du nur sein kannst. Stell dir deinen Körper mit einem Bein kniend vor, ein bißchen wackelnd, eine Hand bittend ausgestreckt, und paß auf, daß dein Kopf stark nach oben gerichtet ist, so daß dein Nacken schmerzt, deine Augen überanstrengt werden und du in kürzester Zeit Kopfschmerzen bekommst. Wenn du in dieser Position sprichst, wird deine Stimme winselnd und piepsend sein, denn du hältst deinen Körper so geduckt, daß du nicht genug Luft für eine reiche, volle Stimme hast. Du wirst zu allem »ja« sagen, egal was du fühlst oder denkst. Diese beschwichtigende Figur ist die Körperhaltung, die der versöhnlich stimmenden Reaktionsform entspricht.

2. *Anklagen*

Worte: nicht zustimmend (»Du machst nie etwas richtig. Was ist los mit dir?«)
Körper: anklagend, fordernd (»Ich bin der Chef hier.«)
Gedanken und Gefühle: (»Ich bin einsam und erfolglos.«)

Der Anklagende ist ein »Fehler-Sucher«, ein Diktator, ein Boß. Er handelt überheblich, und er scheint zu sagen: »Wenn du nicht da wärst, wäre alles in Ordnung.« Innerlich fühlen sich die Muskeln und Organe angespannt an. Der Blutdruck steigt an. Die Stimme ist hart, fest, oft schrill und laut. Überzeugendes »Anklagen« verlangt von Ihnen, so laut und tyrannisch zu sein, wie Sie nur können. Machen Sie alles und jeden fertig. Um anklagend zu wirken, ist es hilfreich, sich vorzustellen, daß man einen beschuldigend ausgestreckten Finger hat, und mit den Sätzen zu beginnen: »Du tust das nie«, oder »Du machst das immer«, oder »Warum tust du immer«, »Warum tust du nie« und so weiter. Kümmere dich nicht um die Antworten. Das ist unwichtig.

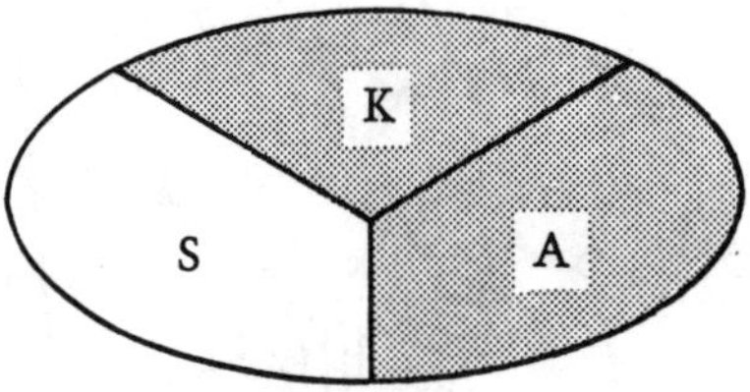

Der Ankläger ist vielmehr darum bemüht, seine Gewichtigkeit herauszustellen, als wirklich etwas herauszufinden.

Ob du davon weißt oder nicht, wenn du beschuldigst, atmest du in kleinen, engen Zügen oder hältst deinen Atem ganz an, weil deine Halsmuskeln so angespannt sind. Hast du einmal einen wirklich erstklassigen Ankläger gesehen, dessen Augen hervorquollen, Halsmuskeln und Nasenflügel hervorstanden, der rot wurde und dessen Stimme sich anhörte wie von jemandem, der Kohlen schippt? Stelle dir dich selbst mit einer Hand an der Hüfte vor, den anderen Arm vorgestreckt mit geradem Zeigefinger. Dein Gesicht ist verzerrt, deine Lippen sind gekräuselt, deine Nasenflügel vibrieren, wenn du Schimpfworte ausrufst und alles unter der Sonne kritisierst. Du glaubst ebenfalls in Wahrheit nicht, daß du etwas wert bist. Wenn du jemanden findest, der dir gehorcht, dann hast du deshalb das Gefühl, wenigstens etwas zu bedeuten.

3. Rationalisieren

Worte: überaus vernünftig (»Wenn man sorgfältig beobachtet, könnte man die abgearbeiteten Hände eines hier Anwesenden bemerken.«)

Körper: unbewegt, gespannt (»Ich bin ruhig, kühl und gesammelt.«)

Gedanken und Gefühle: (»Ich fühle mich leicht ausgeliefert.«)

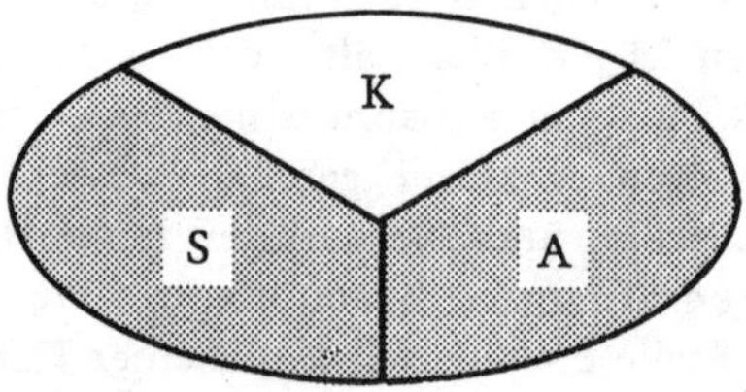

Der Rationalisierer ist sehr korrekt und sehr vernünftig, ohne den Anschein eines Gefühls zu zeigen. Er ist ruhig, kühl und gesammelt. Er könnte mit einem Computer oder einem Nachschlagewerk verglichen werden. Der Körper fühlt sich trocken an, oft kühl und beziehungslos. Die Stimme ist trocken und monoton; die Wörter klingen leicht abstrakt. Wenn du rationalisierend sein willst, gebrauche die längsten Wörter, die möglich sind, selbst wenn du über ihre Bedeutung nicht sicher bist. So wirst du dich wenigstens intelligent anhören. Nach einem Absatz wird ohnehin niemand mehr zuhören.

Um dich selbst in die Stimmung dieser Rolle zu bringen, stelle dir vor, deine Wirbelsäule wäre ein langer, schwerer Stab, der von deinem Hinterteil bis zum Genick reicht, und du hättest einen 30 cm weiten Eisenkragen um deinen Hals. Halte alles an dir so bewegungslos wie nur möglich, auch deinen Mund. Es wird dir schwerfallen, deine Hände stillzuhalten, aber versuche es. Wenn du rationalisierst, wird deine Stimme allmählich absterben, denn du hast vom Schädel an abwärts kein Gefühl. Dein Hirn strengt sich dauernd an, daß sich nichts an dir bewegt, und du bist damit beschäftigt, die richtigen Wörter zu wählen. Schließlich darfst du niemals einen Fehler machen. Das Traurige an dieser Rolle ist, daß sie ein Ideal für viele Menschen darzustellen scheint. »Sprich die richtigen Worte: zeige kein Gefühl; reagiere nicht.«

4. Ablenken

Worte: ohne Beziehung, belanglos, die Wörter ergeben keinen Sinn.
Körper: eckig und in verschiedene Richtungen weisend.
Gedanken und Gefühle: (»Niemand macht sich etwas aus mir. Ich gehöre nirgendwo hin.«)

Was auch immer der Ablenkende sagt oder tut, es hat keine Beziehung zu dem, was irgendein anderer sagt oder tut. Er antwortet nie direkt auf eine Frage. Innerlich fühlt er sich schwindelig oder verschwommen. Die Stimme kann ein Singsang sein und paßt oft nicht zu den Wörtern; sie kann sich ohne Ursache auf und ab bewegen, weil sie auf nichts gerichtet ist.

Wenn du diese ablenkende Rolle spielst, wird es dir helfen, dir vorzustellen, du habest einen schiefsitzenden Kopf, der sich dauernd dreht, so daß du nicht weißt, wohin du gehst, und nicht bemerkst, wenn du einmal ankommst. Du bist zu sehr damit beschäftigt, Mund, Augen, Arme und Beine zu bewegen. Achte darauf, daß du nie gezielte Worte gebrauchst. Ignoriere jedermanns Fragen; reagiere eventuell mit einer eigenen Frage zu einem ganz anderen Thema. Zieh eine imaginäre Faser aus jemandes Kleidung, binde Schnürsenkel auf und so weiter.

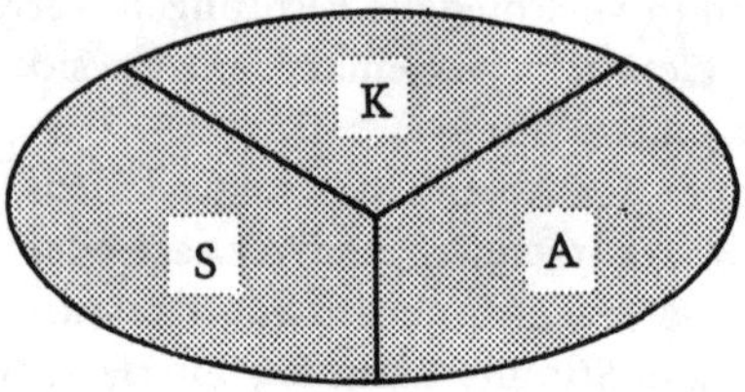

Stell dir deinen Körper vor, als weise er gleichzeitig in verschiedene Richtungen. Mach übertriebene X-Beine durch Zusammenstellen der Knie. Das wird dein Gesäß nach hinten drücken und helfen, deinen Rücken zu krümmen sowie deine Arme und Beine in verschiedene Richtungen zu bringen. Zuerst scheint einen diese Rolle zu erleichtern, aber nach ein paar Minuten Spiel werden die fürchterlichen Einsamkeits- und Zwecklosigkeitsgefühle deutlich. Wenn du dich schnell genug bewegst, wirst du es nicht so sehr merken.

Nehmen Sie nun die vier körperlichen Haltungen zur eigenen Übung ein, welche ich beschrieben habe. Verharren Sie 60 Sekunden so und beobachten Sie, was mit Ihnen geschieht. Da viele Menschen – und vielleicht auch Sie – es nicht gewohnt sind, Köperreaktionen zu fühlen, werden Sie vielleicht zuerst merken: Sie sind so mit Denken beschäftigt, daß Sie gar nichts fühlen. Machen Sie weiter. Sie werden allmählich die Gefühle haben, die Sie oft vorher hatten. Dann werden Sie in dem Augenblick, in dem Sie wieder frei auf Ihren eigenen zwei Beinen stehen, sich entspannen und fähig sind, sich zu bewegen, bemerken, wie Ihre Gefühle sich ändern.

Ich vermute, daß diese Kommunikationsformen in früher Kindheit gelernt werden. Während das Kind versucht, sich seinen Weg durch die komplizierte und oft bedrohliche Welt, in der es sich befindet, zu bahnen, gebraucht es die eine oder andere dieser Kommunikationsweisen. Nach genügender Wiederholung kann es seine Reaktionen nicht mehr von seinem Selbstwertgefühl oder seiner Persönlichkeit unterscheiden.

Der Gebrauch einer dieser vier Reaktionsformen schmiedet einen Ring um jemandes Gefühl von geringem Selbstwert (siehe »*Selbstwert und Kommunikation*« von Virginia Satir). Vorherrschende Gewohnheiten in unserer Gesellschaft bekräftigen diese Kommunikationsarten ebenfalls, von denen viele auf Mutters Knien gelernt werden. »Dräng dich nicht auf. Es ist egoistisch, für sich selbst um etwas zu bitten.« Dies unterstützt den beschwichtigenden Typ. »Laß dich nur von niemandem heruntersetzen; sei kein Feigling«, unterstützt den Anklagenden. »Mach doch nicht so ein ernstes Gesicht! Mach das Beste draus. Wem macht das schon was aus?« Das unterstützt die Ablenker. »Laß niemanden klüger sein als du! Sei schlauer als jeder andere aus deiner Umgebung. Erkläre alles, aber erfahre es nicht!« Das unterstützt das Rationalisieren (»*Selbstwert und Kommunikation*«, Virginia Satir, S. 86–95; Pfeiffer, Leben lernen 18, München 1975).

Schließlich wollen wir an die ausgezeichneten Beschreibungen dieser Kommunikationsmuster von Satir bestimmte Syntaxkorrelate, die wir häufig in deren Begleitung gefunden haben, anschließen:

SATIR KATEGORIE 1 — DER BESCHWICHTIGENDE

Gebrauch von Einschränkungen:
wenn, nur ganz, gerade etc.
Verwendung des Konjunktiv:
könnte, würde etc. Störung durch Gedankenlesen.

SATIR KATEGORIE 2 — DER ANKLAGENDE

Gebrauch von universellen Quantifizierungen:
alle, jeder, keine, jedesmal etc.
Verwendung von negativen Fragen:
Warum tun Sie es nicht?
Wie kommt es, daß Sie nicht können? etc.
Störung durch Behauptung kausaler Zusammenhänge.

SATIR KATEGORIE 3 — DER RATIONALISIERER

(überaus vernünftig)
Löschung der Darstellung von Erlebnisinhalten — das heißt, es entfällt das Subjekt der aktiven Verben wie in *»Ich sehe«* — *»kann gesehen werden«*, oder das Objekt von Verben, wenn darin derjenige, der die Erfahrung macht, genannt wird, wie in *»stört mich«* — *»X stört«*.
Gebrauch von Nomen ohne Bezugsindex:
es, man, Leute etc.
Verwendung von Substantivierungen:
Frustration, Streß, Spannung etc.

SATIR KATEGORIE 4 — ABLENKER

Diese Kategorie entsteht unserer Erfahrung nach durch ein rasches Wechseln zwischen den drei erstgenannten; so ist ihre Syntax ein rasches Alternieren der oben angeführten drei syntaktischen Muster. Der Klient dieser Kategorie gebraucht selten Pronomen in seinen Antworten, die sich auf Teile von Aussagen und Fragen des Therapeuten beziehen. (*The Structure of Magic*, II, John Grinder und Richard Bandler, S. 53; Science and Behavior Books, Palo Alto 1976).

Mit der Erkenntnis, daß diese Kategorisierung von großem Nutzen für die therapeutische Arbeit sei, ist es nicht getan; es ist vielmehr auch zu berücksichtigen, daß sich die entsprechenden Verhaltensmuster durch jeweils spezifische Unvollständigkeit auszeichnen. Zum Beispiel sind Botschaften über das Selbst und den Kontext von dem Beschwichtigenden gestrichen worden. Wenn wir als Helfer verstehen, daß jedes von diesen Mustern von Fall zu Fall wählbar ist, dann können wir den Menschen, mit denen wir arbeiten, helfen, über alle Alternativen frei zu verfügen. Eine andere Möglichkeit, die Kategorien von Satir in angemessener Weise nutzbar zu machen, besteht darin, sie unter dem Aspekt zu sehen, daß sie ganz allgemeine Formen inkongruenten Verhaltens darstellen.

Als Therapeut mit dem beruflichen Anliegen, Menschen zu helfen, stehen wir täglich vor der Aufgabe, auf non-verbale Äußerungen zu reagieren. Die in großer Fülle auftretenden unausgesprochenen Botschaften werfen viele Probleme auf, deren Lösung für uns die Voraussetzung dafür darstellt, daß wir anderen Menschen helfen können, sich zu entwickeln und zu verändern. Es gibt zwei effektive Vorgehensweisen, um mit dieser Schwierigkeit fertigzuwerden: erstens einfach zu fragen, was irgendeine besondere, sich wiederholende Körperbewegung, ein bestimmter Tonfall etc. für jemanden bedeuten oder wie bestimmte Dinge von ihm *gesehen, gehört* oder *gefühlt* werden. Die zweite Vorgehensweise basiert auf der Erkenntnis, daß eine spannend verlaufende und effektive Therapie nur möglich ist, wenn eintreffende Botschaften daraufhin beurteilt werden, ob sie passend oder unpassend bzw. kongruent oder inkongruent sind[16].

Beachten Sie, daß keine dieser Methoden das Gedankenlesen seitens des Therapeuten erforderlich macht. Im ersten Fall bittet er lediglich um eine Übersetzung in Worte (die vollständige Äquivalenz-Beziehung), und im zweiten Fall ordnet er den non-verbalen Mitteilungen, die er erhält, nicht etwa eine begriffliche Bedeutung zu, sondern er entscheidet einfach, ob die Botschaften zusammenpassen oder nicht. Im folgenden sind einige Beispiele für solche Muster aufgeführt. Sie sind wieder demselben Protokoll entnommen, und zwar zu einer späteren Sitzung gehörig.

Therapeut: Ja, Marcie; und ich möchte nun gerne wissen, wie Sie es bemerken würden, wenn Dave Sie respektiert.

Marcie: Nun, er muß lernen, mir Aufmerksamkeit zu schenken; wie kann er mich respektieren, wenn er mich noch nicht einmal beachtet? Wie gerade eben ...

Therapeut: Marcie, woher wissen Sie, daß Dave Sie nicht beachtet?

Marcie: Sehen Sie selbst; die ganze Zeit, wie immer ... ich spreche und er schaut auf den Fußboden.

Therapeut: Also wenn Sie sprechen, und Sie sehen, daß Dave Sie nicht anschaut – dann wissen Sie, daß er Sie nicht beachtet?

Marcie: Gut, ich sehe, Sie haben das Bild begriffen.

Therapeut: Nun, da bin ich nicht so sicher. Ich hätte gerne, daß Sie Dave fragen, ob er Ihnen Aufmerksamkeit geschenkt hat oder nicht, einverstanden?

Marcie: Ja, einverstanden. Dave, ich möchte wirklich gerne wissen, ob du mich beachtest. (Während Marcie dies sagt, beugt sie sich vor, den linken Zeigefinger in Daves Richtung erhoben, die rechte Hand auf der Hüfte, der Klang ihrer Stimme schrill und scharf, Hals- und Nackenmuskulatur verspannt.)

Dave: Natürlich Marcie, du weißt, daß . . .

Therapeut: (unterbricht Dave) Bitte warten Sie einen Moment, Dave. (wendet sich an Marcie) Marcie, ich möchte Ihnen einige Dinge mitteilen, die mir auffielen, als Sie Dave fragten, ob er Sie beachte oder nicht, einverstanden? Ich hatte einige Schwierigkeiten, genau zu verstehen, was Sie mitteilten. Ich habe zwar die Wörter gehört, die Sie sagten, aber irgendwie hat die Art, wie Sie Ihren Körper bewegt haben, Ihre linke Hand und der Klang Ihrer Stimme, mit der Sie gesprochen haben, für mich nicht zusammengepaßt.

Marcie: Ach ja. Nun, Sie waren es ja, der mich aufgefordert hat, ihn zu fragen. Ich wußte schon, daß er mich nicht beachtet hatte.

Abgesehen von den bereits identifizierten Mustern, werden Sie bemerkt haben, daß der Therapeut seine Stimme – seine Empfangskanäle – darauf verwendet, Inkongruenzen in Marcies Kommunikation zu Dave aufzudecken. Im einzelnen heißt dies, daß die vernommenen Worte weder mit dem Klang ihrer Stimme noch mit den Bewegungen oder der Stellung der Hände zusammenpassen. Ohne den Versuch zu machen, diesen non-verbalen Zeichen irgendwie Bedeutung zu geben, beschreibt der Therapeut sie einfach und sagt, daß es ihm schwergefallen sei, ihre Mitteilung zu verstehen. Beachten Sie, was hier passiert ist: der Therapeut deckt Gedankenlesen und Teil-Äquivalenz von Marcie auf:

mich nicht beachten = mich nicht anschauen, wenn ich spreche

Als nächstes geht er dazu über, dieses Stück geeichter Kommunikation aufzubrechen, indem er Marcie auffordert, ihr Gedankenlesen und Teil-Äquivalenz mit Dave zu überprüfen. Als sie Dave danach fragt, sind der Klang ihrer Stimme, ihre Körperhaltung und -bewegung nicht im Einklang mit ihren Worten. Der Therapeut interveniert wieder, indem er Marcie die Inkongruenzen, die er in ihrer Kommunikation entdeckt hat, bewußtzumachen versucht, und erzählt ihr von seiner Schwierigkeit, ihre inkongruente Kommunikation zu verstehen. Die Antwort von Marcie macht sehr deutlich, daß sie vollkommen kalibriert ist in bezug auf Daves Kommunikation; sie ist absolut davon überzeugt, daß Dave ihr keine *Beachtung schenkt,* wenn er sie nicht *anschaut.* Da sie völlig davon überzeugt ist, ist die Aufgabe, zu der sie von dem Therapeuten aufgefordert wurde, nicht kongruent mit dem, was sie glaubt, und das Ergebnis ist eine inkongruente Kommunikation.

Marcie: Ach ja. Nun, Sie waren es ja, der mich aufgefordert hat, ihn zu fragen. Ich wußte schon, daß er mich nicht beachtet hatte.

Therapeut: (wendet sich an Dave) Dave, ich hätte gerne, daß Sie auf Marcies Frage antworten.

Dave: Sicher, nun, ich habe wirklich hingehört, was Marcie (der Therapeut macht eine Geste, daß Dave Marcie direkt ansprechen sollte), was du gesagt hast, Marcie (sieht sie an). Ach, was soll das (blickt auf den Fußboden).

Therapeut: Dave, was ist gerade eben in Ihnen vorgegangen? Sie haben Marcie angeschaut und dann wieder zurück auf den Boden.

Dave: Ach, ich habe wieder diesen Blick in Marcies Gesicht gesehen. Ich weiß, was das bedeutet: sie ist unglücklich mit mir.

Therapeut: Marcie, ist es richtig oder falsch, was Dave gesagt hat?

Marcie: Nein. Wirklich, ich habe Daves Gesicht beobachtet und gedacht, wie gerne ich ihm glauben würde.

Therapeut: Dave, sagen Sie uns, wie es dazu kam, daß Sie am Ende auf den Boden schauten anstatt direkt auf Marcie.

Dave: Was?

Therapeut: Ich möchte gerne, daß Sie beschreiben, was in Ihnen vorgegangen ist, als Sie mit Marcie sprachen, Sie anschauten und am Ende schließlich auf den Boden blickten.

Dave: Ach, daran bin ich gewöhnt. Ich kann nicht so gut reden, wenn es kritisch wird, wissen Sie, so wie ich es vorhin beschrieben habe. Und wenn Marcie mich so anschaut, dann bin ich irgendwie bestürzt, Sie wissen, wie ich meine?

Therapeut: Und wenn Sie versuchen, Marcie zuzuhören und sie zu verstehen, was geht dann in Ihnen vor, daß Sie schließlich auf den Boden schauen?

Dave: Ich will wirklich hören und verstehen, was sie sagt, und wenn ich versuche, sie anzuschauen, und ich sehe diesen Blick auf ihrem Gesicht wie vorhin, dann kann ich nicht hören, was sie sagt. Marcie, wirklich, ich versuche ... wirklich.

Therapeut: Ich möchte gerne wissen (wendet sich an Marcie), ob Sie bemerkt haben, daß Dave lieber auf den Boden starrt als Sie anzuschauen, nicht etwa, weil er Ihnen keine Aufmerksamkeit geschenkt hat, sondern weil es ihm wirklich wichtig ist, Ihnen aufmerksam zuhören zu können. Haben Sie dies vorher gewußt?

Marcie: (beginnt leise zu weinen) Ja, Dave, ich glaube dir.

Therapeut: Und Sie, Dave, wenn Sie diesen Blick auf Marcies Gesicht sehen – den, von dem Sie im allgemeinen geglaubt haben, er bedeute, sie sei unglücklich mit Ihnen –, verstehen Sie, daß dies Marcies Art ist, Interesse zu zeigen, Ihnen Aufmerksamkeit zu schenken?

Der vorliegende Teil des Protokolls enthält einige wichtige Muster. Beachten Sie zunächst einmal, daß einiges von dem Schmerz von Dave und Marcie sich direkt von dem geeichten Kommunikationssystem, das sie miteinander aufgebaut haben, ableitet. Auf die Art, wie Marcie ihre Erfahrung organisiert, hat sie die Teil-Äquivalenz so eingesetzt, daß, wenn Dave sie nicht anschaut, er ihr keine Beachtung schenkt. Es entspricht der Art, wie Dave seine Erfahrung eicht, daß er, wann immer er Marcie anschaut und einen bestimmten Ausdruck auf ihrem Gesicht wahrnimmt, von ihr wegschauen muß, um weiterhin aufmerksam sein zu können. Dies ist gerade der Teufelskreis der Kommunikationsstörung, dem wir so häufig begegnen: gerade das, was das eine Familienmitglied tut, um etwas zu erreichen, ist der Schlüsselreiz oder das Signal für ein anderes Familienmitglied, daß es genau dies *nicht* tut. Der Zyklus kann sich unbestimmt fortsetzen, da es in den gegenwärtigen Kommunikationsmustern für das einzelne Mitglied keinen Weg gibt, Feedback zu bekommen.

Dieser Austausch zwischen Marcie und Dave ist also ein ausgezeichnetes Beispiel dafür, wie die Muster der Teil-Äquivalenz und des Gedankenlesens sich verbünden und eine Kette von geeichter Kommunikation schaffen können und auf diese Weise am Ende jedem Familienmitglied Leid zufügen. Wir können diesen Prozeß in kleine Schritte unterteilen, um die immer wiederkehrenden Muster und deren einzelne Elemente zu identifizieren.

1. Beide, Marcie und Dave, sind umeinander besorgt und hegen

beste Absichten. Sie wollen wirklich miteinander kommunizieren. Marcie beginnt zu sprechen; Dave beobachtet sie, während er zuhört.

2. Marcie ringt um die passenden Ausdrücke, und Dave bemüht sich zu verstehen. Aufgrund der mit der Artikulation verbundenen Anstrengung verändert Marcie ihren Gesichtsausdruck: sie kneift die Augen zusammen, wenn sie sich vor ihrem geistigen Auge ein Bild zu machen versucht, um ihre Kommunikation zu organisieren (wenn Sie sich erinnern, dann ist ihr bevorzugtes Repräsentationssystem das visuelle), und beugt sich nach vorne. Dave hat in der Vergangenheit einen ähnlichen Ausdruck auf Marcies Gesicht wahrgenommen und ähnliche Körperbewegungen bei Marcie beobachtet, wenn sie unglücklich mit ihm ist! Das heißt, Dave hat die folgende Teil-Äquivalenz: Marcie kneift die Augen zusammen und beugt sich nach vorne = Marcie ist unglücklich mit Dave.
3. Durch die Teil-Äquivalenz »weiß« Dave, was Marcie fühlt und denkt; das heißt, Dave wendet die Teil-Äquivalenz an und benutzt das Gedankenlesen, um Marcies Erfahrung zu bestimmen. Damit aber beginnt die geeichte Kommunikation.
4. Da Dave »weiß«, daß Marcie unglücklich mit ihm ist, verkrampft er sich und findet es schwierig zuzuhören und zu verstehen, was sie sagt; er kennt es ja bereits. Deshalb wendet er seinen Blick von Marcie ab auf den Fußboden. Beachten Sie, daß dieses Abwenden sowohl von dem Wunsch herrührt, Marcie zu verstehen, als auch durch das Gedankenlesen bedingt ist.
5. Marcie bemerkt, daß Dave den Blick von ihr abwendet. In der Vergangenheit hat Marcie diese Bewegung seitens Dave immer dann gesehen, wenn er ihr keine Beachtung schenkte. Deshalb hat Marcie die folgende Teil-Äquivalenz:
   Dave wendet den Blick von Marcie auf den Fußboden = Dave schenkt Marcie keine Beachtung.
6. Durch die Teil-Äquivalenz »weiß« Marcie, daß Dave sie nicht beachtet – sie »weiß«, was im Innern von Dave vor sich geht. Marcie praktiziert dann das Gedankenlesen; dies ist das zweite Teilstück der geeichten Kommunikation.
7. Da Marcie »weiß«, daß Dave ihr keine Beachtung schenkt, verstärkt sie ihre Bemühungen, seine Aufmerksamkeit zu gewinnen – sie beugt sich im Sessel weiter nach vorne und kneift die Augen noch mehr zusammen, denn sie versucht, ihre Kommuni-

kation wirkungsvoller zu organisieren (indem sie sich in Gedanken vorstellt, wie sie seine Aufmerksamkeit gewinnen könnte). Beachten Sie, daß diese Verhaltensänderungen sowohl von ihrem Wunsch herrühren, mit Dave zu kommunizieren, als auch durch ihr Gedankenlesen bedingt sind.

Dave und Marcie sind jetzt in einem Teufelskreis gefangen: je mehr Marcie versucht, sich effektiv auszudrücken, um so mehr signalisiert sie Dave, daß sie unglücklich mit ihm ist, und je mehr er sie zu verstehen versucht, läßt er sie wissen, daß er ihr keine Beachtung schenkt, und je mehr Marcie wiederum diese Signale bei Dave entdeckt, um so mehr bemüht sie sich zu kommunizieren und seine Aufmerksamkeit zu gewinnen, und je mehr ... Nach einem bestimmten Zeitraum – nachdem der Zyklus sich ständig wiederholt hat – wird Marcie tatsächlich unglücklich mit Dave und Dave wird in der Tat aufhören, Marcie seine Aufmerksamkeit zu schenken, um die damit verbundenen schlechten Gefühle zu vermeiden. Dieser abschließende Schritt gibt der geeichten Kommunikation den letzten Schliff, da jetzt die durch Teil-Äquivalenz und Gedankenlesen erzielten Erkenntnisse endgültig bestätigt erscheinen.

Unserer Erfahrung nach führen geeichte Kommunikationszyklen, wie wir sie zwischen Dave und Marcie beobachtet haben, zu einem zunehmend geschwächten Selbstwertgefühl, da die Kommunikationsstörung auf andere Ebenen übergreift. Zum Beispiel könnte Marcie sich fragen, ob sie überhaupt die Aufmerksamkeit von Dave wert ist, und Dave könnte sich fragen, ob das Unglücklichsein von Marcie mit ihm davon kommt, daß er nicht in der Lage ist, Glücksgefühle in ihr hervorzurufen.

Ein Muster, das seitens des Therapeuten eine ähnliche Wirkung auf geeichte Kommunikation ausübt wie die Unterbrechung, ist die Übersetzung. Das von Marcie bevorzugt gebrauchte Repräsentationssystem ist visuell, und dem entspricht auch die Art ihrer Teil-Äquivalenz: Dave schenkt ihr keine Beachtung, wenn er sie nicht *anschaut*, während sie spricht. Das primäre Erfahrungssystem von Dave ist jedoch kinästhetisch. Da er sich schlecht *fühlt* (unbehaglich und betroffen), wenn er sieht, wie sie ihn auf eine bestimmte Art anschaut, senkt er seinen Blick auf den Fußboden, um aufmerksam sein zu *können*. Der Therapeut erkennt dieses Muster und spricht es explizit an, in der Tat übersetzt er eine Betrachtungsweise (von Dave) in eine andere, die Marcie gebraucht.

Wir lassen jetzt einen Teil des Protokolls aus und kommen zu einem anderen Beispiel von Inkongruenz:

Therapeut: (wendet sich an den Sohn) In Ordnung, Tim, nenne mir bloß etwas, das du gerne in deiner Familie verändern möchtest.

Tim: (mit einem kurzen Seitenblick auf seine Mutter) Ja, ich weiß es wirklich nicht. Mutter sagt immer, daß man nicht darüber sprechen soll ...

Marcie: (unterbricht, beugt sich in ihrem Sessel nach vorne, den Zeigefinger erhoben, schüttelt langsam den Kopf) Aber Liebling; du kannst doch ruhig sagen, was du möchtest (mit schriller Stimme).

Tim: Mhm ... ich glaube, daß ich jetzt nicht mag – vielleicht später.

Therapeut: Margaret (15jährige Tochter), als Marcie gerade eben mit Tim sprach, was ist dir aufgefallen?

Margaret: Mhm, ich weiß nicht ... sie schaute irgendwie ärgerlich drein und ...

Therapeut: Was hat sie zu Tim gesagt?

Margaret: Tja, ich kann mich wirklich nicht erinnern.

Zu diesem Gesprächsabschnitt finden sich einige interessante Muster. Beachten Sie als erstes, daß die Worte, die Marcie benutzt, um sich auszudrücken, nicht mit der Haltung, den Körperbewegungen und der Stimme, mit der sie die Worte spricht, übereinstimmen. Tim, der 12jährige Sohn, muß sich entscheiden, auf welche der sich widersprechenden Botschaften er reagieren will. Wir können diesen Prozeß visuell darstellen.

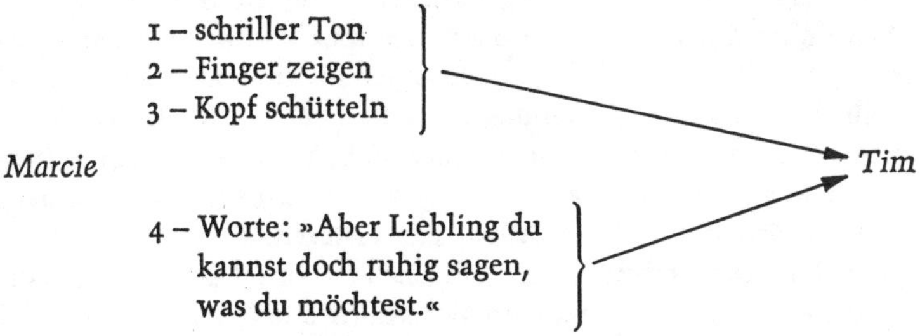

Tim entscheidet sich dafür (nicht unbedingt bewußt), die erste Gruppe der drei Botschaften anzunehmen und auf sie zu reagieren statt auf die letzte Botschaft.

Der Therapeut hat ein weiteres Stück inkongruenter Kommunikation erkannt – in diesem Fall kommentiert er nicht selbst, sondern fordert ein anderes Familienmitglied auf, dies zu tun. Die Antwort von Margaret erlaubt dem Therapeuten, verschiedene Dinge zu bestimmen: Margaret ist sich offensichtlich der Inkongruenz nicht bewußt; sie berichtet nur von der Information, die sie visuell wahrgenommen hat. Ein fatales, jedoch durchaus übliches Ergebnis inkongruenter Kommunikation ist das Muster, daß derjenige, der dieser Inkongruenz ausgesetzt ist, beschließt, eine seiner Hauptinformationsquellen auszuschalten. Mit anderen Worten, da die Botschaften, die man erhält, nicht zusammenpassen, besteht die Reaktion auf diese Inkongruenz – der Lösungsversuch – darin, daß einfach eine der Quellen dieser widersprüchlichen Mitteilungen gestrichen wird. In diesem Fall ist sich Margaret zwar bewußt, wie ihre Mutter, Marcie, *ausgesehen*, aber nicht, was sie *gesagt* hat.

Diese Art der Entscheidung seitens Margarets hat viele nachteilige Folgen. Zunächst einmal hat sie ein Muster entwickelt, wonach sie immer dann, wenn sie eine inkongruente Kommunikation empfängt – das heißt in einer Situation, in der die Botschaften des anderen nicht zusammenpassen –, systematisch die visuell empfangene Information auswählt. Damit beschneidet sie sich nicht nur ihrer Möglichkeiten zum Kennenlernen anderer Menschen und der Umwelt, sondern sie verrät auch ihre eigene, durch die inkongruente Kommunikation Marcies bedingte Unsicherheit und die Ambivalenzen ihrer Meinungen und Gefühle. Inkongruente Kommunikation ist ein Zeichen dafür, daß Pläne oder Vorstellungen eines Menschen für sein Verhalten mehrdeutig sind und daß diese Pläne oder Vorstellungen miteinander in Konflikt stehen. Wenn aber Verhaltenspläne oder -richtlinien nicht zusammenpassen, sind die Botschaften, die von anderen empfangen werden, ein Sammelsurium von Bestandteilen verschiedener Modelle, die in keinem Zusammenhang zueinander stehen. Wenn Margaret sich entscheidet, nur auf einen Teil der Botschaften (die sich von dem einen Weltbild Marcies ableiten) zu reagieren, dann verliert Margaret den Kontakt mit dem anderen Teil von Marcie. Jede Vorstellung von Marcie verkörpert tatsächlich einen Teil von ihr und stellt eine ihrer Fähigkeiten dar. Wenn die Menschen ihrer Umgebung dazu übergehen, nur noch auf einen dieser Teilaspekte zu antworten, dann verliert Marcie allmählich selbst den Kontakt zu dem anderen Teil von sich, und sie wird völlig unsensibel dieser anderen Fähigkeit gegenüber, die ihr verfügbar sein könnte. Die Folge ist die Hemmung ihres Wachstums und ihrer Entwicklung zu einem lebendigen und kreativen Menschsein, ihre Kommunikation bleibt inkongruent, und sie fühlt sich gespalten, gelähmt – sogar verwirrt – bezüglich dessen, was sie *wirklich* will[17]. Als drittes kommt dazu, daß Marcies inkongruente Kommunikation andere Familienmitglieder mit der Aufgabe konfrontiert, eine Entscheidung zu treffen, auf welchen Teil ihrer Botschaften sie reagieren sollen.

Nehmen wir Magaret als Beispiel: Sie ist sich nur der Information bewußt, die sie visuell wahrnimmt. Beachten Sie, daß sie die non-verbalen Signale benennt: *Sie schaute irgendwie ärgerlich.* Dies ist natürlich ein Muster, das wir schon mehrmals herausgearbeitet haben, nämlich Teil-Äquivalenz:

Marcie	1 – schrille Stimme 2 – den Zeigefinger erhoben 3 – den Kopf schütteln 4 – Wörter: Aber Liebling, du kannst doch ruhig sagen, was du möchtest	= ... irgendwie ärgerlich ... *für Margaret*

Diese spezielle Teil-Äquivalenz wird wahrscheinlich generalisiert zu einem Stück geeichter Kommunikation – das heißt, wann immer Margaret die obengenannten Signale sieht oder hört, wird sie aller Wahrscheinlichkeit nach daran festhalten (wahrscheinlich wiederum unbewußt), daß Marcie *irgendwie ärgerlich* ist. Auf diese Weise dient das Phänomen der inkongruenten Kommunikation als Grundlage für die Teil-Äquivalenz, von der wiederum Gedankenlesen und geeichte Kommunikationsabfolgen ihren Ausgang nehmen, die allzuoft mit schmerzlichen Erfahrungen verbunden sind. Indem der Therapeut verschiedene Familienmitglieder auffordert, ihre Erfahrungen von den ablaufenden Prozessen zu schildern, beginnt er, die Regeln bzw. die Muster zu erkennen, anhand derer festgelegt wird, wieweit es den Familienmitgliedern *erlaubt* oder *nicht erlaubt* ist, etwas bezüglich der eigenen Person oder jeder anderen zu tun, zu sagen oder festzustellen[18].

Eine der Gesetzmäßigkeiten, die unserer Erfahrung nach sehr nützlich ist, um Familiensysteme zu verstehen, besonders im therapeutischen Kontext, ist die Gesetzmäßigkeit, nach der Familienmitglieder wahrnehmen und handeln, wenn sie mit inkongruenter Kommunikation konfrontiert werden. Um zu einem Verständnis dieser Gesetzmäßigkeit zu kommen, kann man z. B. zunächst einmal analysieren, welche Eingabekanäle den Familienmitgliedern zur Verfügung stehen. Dies sind häufig die Muster der Teil-Äquivalenz, die immer wieder auftauchen. Das vorangegangene Beispiel von Marcie und Margaret legt nahe, daß die Information über den visuellen Eingabekanal dann Priorität gegenüber anderen Kanälen haben wird, wenn die über verschiedene Kanäle eingehenden Informationen nicht zusammenpassen.

Durch eine andere und unserer Erfahrung nach gleichermaßen wichtige Gesetzmäßigkeit wird festgelegt, welche *Ausgabekanäle* zu verwenden sind und *welche Arten von Botschaften* von *welchen Familienmitgliedern* sich dieser Kanäle bedienen.

Therapeut: Ja, Marcie, ich verstehe, daß Sie besorgt sind darüber, was Margaret in der Schule macht. Ich möchte gerne wissen, ob Sie in der Lage sind, ihr jetzt spontan zu sagen, daß Sie um sie besorgt sind.

Marcie: Das ist albern; natürlich weiß sie, daß ich um sie besorgt bin.

Therapeut: Sind Sie sicher, Marcie? Woher *wissen* Sie, daß sie weiß, daß Sie um sie besorgt sind? Wann haben Sie es ihr zum letzten Mal gesagt?

Marcie: Schauen Sie, Dinge wie diese braucht man nicht zu sagen; ich bin immer noch ihre Mutter; ich meine ... (wird leiser).

Therapeut: Gut, Marcie, dann fangen Sie an und versuchen es. Sie wissen als ihre Mutter und so ...

Marcie: Margaret, ich ... (Pause) ... (Marcie lacht nervös) ... das ist wirklich schwer. Ich sehe auch nicht, was ... Nun gut (lacht), ich bin besorgt um dich, Margaret. Ich mache mir Sorgen um dich und was du tust.

Therapeut: (wendet sich an Margaret) Nun, Margaret, hast du gehört, was sie gesagt hat?
Margaret: Ja, ich habe es gehört ... aber es macht mich wirklich ganz verwirrt ... und ich mag es.
Therapeut: Margaret, gibt es irgend etwas, was du Marcie gerne sagen würdest?
Margaret: Oh, oh ... mmm, warten Sie ... nun ja, wirklich, ich möchte dir sagen, daß dein Gesicht so warm und weich ausgesehen hat, als du das gerade gesagt hast. Ich meine ... ich habe dich wirklich gerne angesehen und zugehört, was du gesagt hast, und jedes Mal, wenn du wieder etwas Ähnliches sagen möchtest, dann werde ich sehr gerne zuhören.
Therapeut: Marcie (wendet sich an sie), haben Sie das gehört?
Marcie: (weint leise) Ja, ich habe es gehört.

An dieser Stelle beginnt der Therapeut mit der Herausarbeitung des jetzt schon vertrauten Musters des Gedankenlesens. Er verwirft das geeichte Feedback der Mutter, indem er sie auffordert, gemeinsam mit ihrer Tochter zu überprüfen, ob ihre Halluzination richtig oder falsch ist. Die Mutter bringt dem sofort Widerstand entgegen. Dies ist für den Therapeuten ein direkter Hinweis darauf, daß eine Familienregel im Spiel ist – das heißt konkret die Regel, daß in dieser Familie der Ausdruck von Besorgnis seitens der Mutter um die Tochter (und unserer Erfahrung nach gilt diese Regel auch für andere Familienmitglieder) nicht explizit verbal kommuniziert werden kann. In den von uns entwickelten Termini heißt das, daß der Ausgabekanal für die verbale Kommunikation von Besorgnis durch eine bestimmte Regel blockiert wird.

Der Therapeut bleibt nun bei Marcie und ermutigt sie so lange, bis sie die Familienregel, die den Ausdruck von Besorgnis durch körperlichen Kontakt verbietet, erfolgreich durchbricht. Sobald die Mutter dies erreicht hat, wendet er sich der Tochter zu und arbeitet mit ihr, um für Marcie positives Feedback sicherzustellen. Dann dehnt er diese neue Erfahrung aus, die Fähigkeit, den Ausgabekanal für die direkte verbale Kommunikation von Besorgnis zu verwenden, und veranlaßt als nächstes die Tochter, die Familienregel zu durchbrechen. Er verschafft ihr eine andere Möglichkeit, in dem Familiensystem Botschaften der Liebe und Besorgnis mitzuteilen. Er hat die Vermutung, die sich alsbald auch bestätigt, daß nämlich für Mutter und Tochter (und höchstwahrscheinlich für die anderen

Familienmitglieder auch) eine Regel existiert, die ihnen den körperlichen Ausdruck ihrer Liebe und Besorgnis verbietet – das heißt, er weist für einen weiteren Ausgabekanal die Blockierung durch eine Regel nach.

Therapeut: Ich habe da so eine Idee, Marcie, können Sie sich vorstellen, auf welche Weise Sie *jetzt in diesem Augenblick* Ihre Besorgnis um Margaret ausdrücken könnten?

Marcie: Mhm, ich kann nicht sehen wie ..., ich ... nein ... ich kann nicht.

Therapeut: Nun, sind Sie bereit zu lernen, wie Sie Ihre Besorgnis für Margaret auf eine neue Weise ausdrücken können?

Marcie: Sicher, ich bin entschlossen. Ich finde es irgendwie gut, was ich bis jetzt gelernt habe.

Therapeut: Marcie, ich hätte gerne, daß Sie langsam aufstehen, zu Margaret hinübergehen und sie in den Arm nehmen.

Marcie: Was? Das ist albern; solche Sachen ... ach, dasselbe habe ich das letzte Mal auch gesagt. (Steht auf, geht zu Margaret und umarmt sie, zunächst etwas steif und dann zärtlicher.)

Therapeut: (wendet sich ruhig an Tim) Und, Tim, was fühlst du, wenn du das siehst?

Tim: (überrascht) Ah, das hätte ich auch gerne.

Das ist ein ausgezeichnetes Beispiel für das Ergebnis einer therapeutischen Intervention, die den Familienmitgliedern hilft, ihre Gefühle füreinander und die gegenseitige Fürsorge auszudrücken. Der Therapeut hilft den Familienmitgliedern, zu lernen, wie man wichtige Botschaften kongruent ausdrückt. Wenn dies geschieht, generalisiert er das neu Erlernte sofort, um auf diese Weise andere Ausgabekanäle einzuschließen – weitere Möglichkeiten für übereinstimmende Aussagen – und neue Möglichkeiten für andere Familienmitglieder.

Zusammenfassung

In Teil I haben wir den Versuch unternommen, ein Modell zu entwickeln, das die der Organisation unserer Erfahrung in der Familientherapie dienlichen Möglichkeiten enthält.

Wir haben zunächst versucht, einen gemeinsamen Bezugspunkt der Erfahrung zu finden, der als Ausgangspunkt für den Aufbau des Modells dienen konnte. Dieser Punkt gemeinsamer Erfahrungen wird hier in etwas abstrakter Weise beschrieben, es bleibt jedoch einem jeden von Ihnen vorbehalten, ihn mit seinen eigenen aktuellen, reichhaltigen und komplexen familientherapeutischen Erfahrungen in Verbindung zu bringen. Wie wir schon früher festgestellt haben, müssen Erfahrungsmodelle – unser Modell der Familientherapie zählt zu ihnen – nach Kriterien wie *nützlich* oder *unnütz* beurteilt werden und nicht danach, ob sie wahr oder falsch bzw. genau oder ungenau sind. Die grundsätzliche Forderung an ein nützliches Modell ist, daß man es mit seiner eigenen Erfahrung in Verbindung bringen kann – also die Forderung nach einem allgemeinen Bezugspunkt. Wir haben Sprachmuster als allgemeinen Bezugspunkt ausgewählt; die Muster der Familientherapie Stufe I setzen sich daraus zusammen. Die zweite Stufe der von uns herausgearbeiteten Muster enthält sowohl non-verbale als auch verbale Muster. Wir haben nicht versucht, eine erschöpfende Darstellung zu geben – die Reihe der Muster, deren wir uns bewußt sind und die wir als höchst nützlich in unserer familientherapeutischen Arbeit gefunden haben, ließe sich noch beträchtlich erweitern. Statt dessen haben wir versucht, die allernotwendigsten Muster herauszuarbeiten, ohne die eine kreative, dynamische und effektive Familientherapie nicht möglich ist. Im nächsten Abschnitt, Teil II, werden wir diese Muster in natürliche Klassen einordnen und erläutern, auf welche Weise eine Integration auf höherem Niveau zur Stellung ihrer Effektivität durchgeführt werden kann. In diesem nächsten Teil werden wir uns darüber hinaus mehr auf die Möglichkeiten konzentrieren, die ein Familientherapeut hat, der den Familienmitgliedern helfen will, die Grundmuster ihres Systems zu verändern, um damit einen Entwicklungs- und Wachstumsprozeß sowohl für den einzelnen als auch für die Familie als ganze in Gang zu setzen.

Teil II

Einführung

In diesem Teil des Buches werden wir ein allgemeingültiges Modell für Familientherapie entwickeln. Derartige Modelle für komplexes Verhalten dienen der expliziten Organisation eigener Erfahrungen mit dem Ziel, sie für die Arbeit auf dem betreffenden Gebiet nutzbar zu machen. In der Familientherapie hat man es sicherlich mit menschlichem Verhalten in einer seiner komplexesten Erscheinungsform zu tun. Damit unser Modell für jeden Familientherapeuten nützlich sein kann, muß diese Komplexität so weit reduziert werden, wie es zur Verdeutlichung von Zusammenhängen erforderlich ist. In dem von uns hier dargestellten Modell haben wir diese Forderung nie aus den Augen verloren; wir haben die feinen Unterschiede herausgearbeitet, deren Kenntnisse es dem Therapeuten erlauben wird, seine Erfahrung in der Familientherapie so zu organisieren, daß er sowohl effektiv als auch kreativ handeln kann. Unserer Erfahrung nach sind wir nämlich genau dann in der Lage, gleichbleibend effektiv und dynamisch mit Familien zu arbeiten, wenn wir sorgfältig die in unserem Modell dargestellten Entscheidungen treffen und wenn wir unsere Erfahrung in der Kategorie organisieren, die in dem Modell vorgesehen ist.

In Teil I dieses Buches haben wir einige, uns für effektive Familientherapie notwendig erscheinende Grundformen herausgearbeitet und Beispiele dafür angegeben. In diesem Teil des Buches teilen wir diese Muster in natürliche Klassen ein. Dieser Einteilung in natürliche Klassen entspricht die Gruppierung allgemeiner Grundmuster zu Ablauf-Sequenzen, die sich in der therapeutischen Anwendung bewährt haben. Diese Grundmuster geben dem Therapeuten Richtlinien für eine effektive Anwendung jener Verhaltensmuster an die Hand. Das Ergebnis dieser Gruppierung ist eine explizite, formale Strategie für die Familientherapie. Die Strategie ist explizit insofern, als sie beides spezifiziert, einzelne Phasen des Prozesses der Familientherapie (die Muster von Teil I) und die Abfolge, in der sie angewendet werden können. Da sie explizit ist, ist die Strategie erlernbar. Die Strategie ist formal insofern, als sie unabhängig von dem jeweiligen Inhalt ist – sie eignet sich gleich gut für *jede* Familientherapiesitzung, unabhängig von den aktuellen »Problemen«, die die Familie in die Sitzung einbringt. Wir wollen noch einmal betonen, daß es einen vom *Inhalt* unabhängigen Aspekt der Therapie gibt, den wir mit *Prozeß* bezeichnen. Unsere Aufmerksamkeit ist grundsätzlich dem Prozeß gewidmet. Eine Veränderung des Prozesses ermöglicht die Einbeziehung neuer Inhalte. Der Prozeß ist lediglich von den Formen und Sequenzen der Muster abhängig, die in der Kommunikation zwischen den Familienmitgliedern und dem Therapeuten vorkommen. Zum Beispiel ist der Prozeß unabhängig von der Länge der therapeutischen Sitzung. Die formale Strategie, wie sie unser Modell impliziert, und die prozeßhafte Darstellungsweise zur Beschreibung des Modells sind zwei Perspektiven desselben Prinzips, nämlich sich auf die Muster der Auseinandersetzung innerhalb des Familiensystems zu konzentrieren, ohne auf die spezifischen Probleme der jeweiligen Familie einzugehen.

Es ist wichtig für uns, diese Unterscheidung von Inhalt und Prozeß zu betonen. Unser Familientherapiemodell zielt darauf ab, der Familie für eine effektive Auseinandersetzung auf der Prozeßebene Hilfestellung zu geben. Mit anderen Worten: Unabhängig davon, ob die Familienmitglieder glauben, daß ihr »Problem« im Bereich der Sexualität oder der Finanzen, der Kindererziehung, der Verwandtschaft, der Pflichten oder wo auch immer liegt, effektive Familientherapie wird die Möglichkeiten zum Ausdruck kongruenter Botschaften und zur konstruktiven Auseinandersetzung in allen familiären Erfahrungsbereichen erweitern. In unserer Arbeit haben wir herausgefunden, daß neue Erfahrungen, die von Familienmitgliedern bezüglich irgendwelcher Inhalte auf der Prozeßebene gemacht werden, in der Regel auf andere Erfahrungsbereiche generalisiert werden[1].

Außerdem zielt unser Modell darauf ab, jedem von Ihnen eine Möglichkeit für das Organisieren Ihrer Erfahrung zu schaffen, damit Ihnen eine Orientierungshilfe zur Verfügung steht und Sie nicht von dem überrascht sein müssen, was als nächstes passiert, nicht etwa weil Sie entscheiden würden, was passieren soll, sondern weil Sie die von der Familie angebotenen Muster erkennen. Das Modell stellt Ihnen mit der Möglichkeit, Feedback zu erhalten, ein Korrektiv zur Verfügung, mit dem Sie gute Ansätze herausfinden können, um auf diesem Wege die vielleicht wichtigste Erfahrung für Ihre kontinuierliche Entwicklung zu einem kompetenten Familientherapeuten zu machen. Unsere Hoffnung ist, daß Sie dieses Modell akzeptieren werden und es Ihnen brauchbar erscheint für Ihre schwierige, aber lohnende Arbeit im Rahmen Ihres helfenden Berufes.

Von besonderer Bedeutung scheinen uns jene Muster unseres familientherapeutischen Modells zu sein, die dazu dienen, zu einem möglichst klaren Verständnis des ablaufenden Kommunikationsprozesses zu kommen. Wir wollen den Leser daran erinnern, daß der Kommunikationsprozeß in unserem Modell nicht als detailliertes Abbild für die Summe unserer Erkenntnisse und Erfahrungen zu werten ist. Es geht uns vielmehr darum, Ihnen dabei behilflich zu sein, für Sie selbst einen Sinn in unserem Modell der Familientherapie zu finden. Graphisch läßt sich der Kommunikationsprozeß in den folgenden Schritten darstellen:

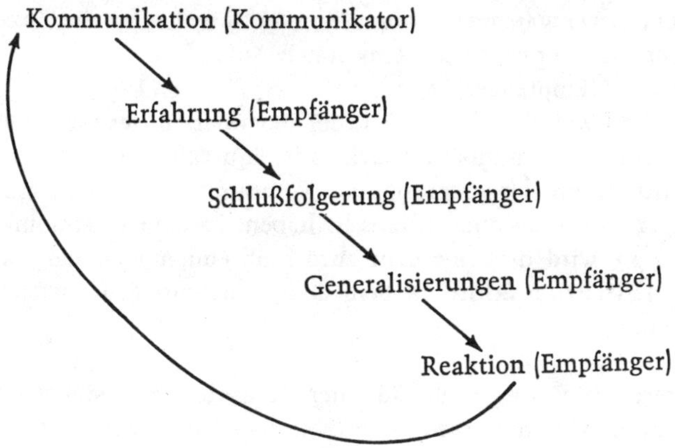

Als nächstes folgt eine kurze Beschreibung dieser einzelnen Schritte im Kommunikationsprozeß:

1. *Kommunikation* (Kommunikator) =
   Botschaften, die von dem Kommunizierenden angeboten werden. Der Kommunizierende wird diese Botschaften in vielen

verschiedenen Formen darstellen – Körperhaltung; Bewegung der Hände; Arme etc.; bestimmte Art zu schauen; Klang der Stimme und Tempo; Atemrhythmus; Worte, Satzbau etc. Ferner können diese Botschaften dem kommunizierenden Menschen bewußt sein oder auch nicht.

2. *Erfahrung* (Empfänger) =
   Botschaften, die von demjenigen, an den die Kommunikation gerichtet ist, empfangen werden. Die Mitteilungen werden über die verschiedenen sensorischen Kanäle empfangen: Augen, Ohren, Haut etc. Diese Botschaften können dem Empfänger bewußt sein oder auch nicht.
3. *Schlußfolgerung* (Empfänger) =
   das *Verständnis* des Empfängers der Botschaft für das, was sie aussagen sollte. Wiederum kann der Vorgang des Verstehens beim Empfänger sowohl bewußt als auch unbewußt verlaufen.
4. *Generalisierung* (Empfänger) =
   die Art, wie der Empfänger Botschaften mit vergangenen Erfahrungen verknüpft, und auf welche Weise der Empfänger sein Verständnis der empfangenen Mitteilungen für die Erweiterung seines Horizonts nutzt. Welchen Nutzen die Generalisierungen in der Gegenwart und – ohne Interventionen – für die Zukunft haben, darüber geben die Reaktionen Aufschluß.
5. *Reaktion* (Empfänger) =
   die Art, wie der Empfänger der Botschaften reagiert. Dieser Schritt im Kommunikationszyklus ist äquivalent mit dem ersten Schritt, wenn der ursprüngliche Kommunikator und der Empfänger ihre Positionen getauscht haben. In dem Diagramm auf Seite 83 wird dies mit dem zurückführenden Pfeil dargestellt, der den letzten Schritt in dem Diagramm mit dem ersten verbindet.

Unserer Erfahrung nach läuft der Kommunikationsprozeß zwischen zwei oder mehreren Menschen meistens nicht streng nach dieser Sequenz ab; in der Regel kommt es vielmehr zu einer Überlagerung der einzelnen Schritte. Wenn ich z. B. meinen Körper in eine bestimmte Haltung bringe, Hände, Füße und Augen bewege, einen bestimmten Klang der Stimme produziere, mit spezifischer Geschwindigkeit spreche, spezifische Wörter in spezifischen Satzformen äußere, kann es sein, daß ich gleichzeitig bemerke, wie Sie Ihre Körperhaltung verändern, die Hände bewegen, mit dem Kopf nicken oder den Kopf schütteln etc. – also Bewegungen ausführen, die mir Botschaften übermitteln, die ich (sei es bewußt oder unbewußt) in meiner weiteren Kommunikation verarbeite. Durch die Auflösung der sich überlagernden Kommunikation in Sequenzen bestimmter Muster, wie es in unseren Modellen geschieht, sind wir in der Lage, alle Botschaften voll zu verstehen und Alternativen für uns selbst zu entwickeln.

Wenn es uns gelingt, den Familien, die sich ratsuchend an uns wenden, dabei zu helfen, Alternativen für sich zu finden, und zwar sowohl für das einzelne Individuum als auch für die Familie insgesamt, so bringt das für uns neben dem therapeutischen Erfolg die Möglichkeit mit sich, zu einem tieferen Verständnis unserer Aufgabe als Familientherapeuten zu kommen. Der Kummer der Familie wird für den Therapeuten ein Signal für eine massive Intervention zur Veränderung. Schmerz ist demnach an sich eine nützliche Botschaft. Wir interpretieren ihn als das dringende Bedürfnis nach Veränderung in einem bestimmten Bereich. Im einzelnen heißt das, wir arbeiten, um die Bedürfnisse zu entdecken und den Familienmitgliedern zu helfen, diejenigen Kommunikationsmuster zu verändern, die ihnen diesen Schmerz zufügen. Anhand des oben zitierten, aus 5 Schritten bestehenden Kommunikationsmodells fragen wir, wie man sich im Entdecken derjenigen Muster üben kann, die für den Schmerz der Familie verantwortlich sind, und wie man die Kräfte der Familie neu organisieren kann, damit die Leid verursachenden Muster in positive Kommunikationsmuster übergeführt werden können, die jedem Familienmitglied zur Erreichung des Gewünschten zur Verfügung stehen. Ein anderer Weg zu diesem Ziel führt über die Fragen: Welches sind die charakteristischen Muster von Kommunikationsstörungen in Familien? Durch welche besonderen Prozesse entstehen sie? Und wie können wir im jeweiligen Familiensystem den Beteiligten helfen, die gestörten Kommunikationsmuster wieder als positive Kräfte nutzen zu können? Um diese Fragen zu beantworten, werden wir zwei extreme Kommunikationsmuster beschreiben – das Muster der *geeichten* Kommunikation, die bei den Beteiligten *Schmerz* und *Unzufriedenheit* hinterläßt, und das Muster der *rückgekoppelten* Kommunikation mit einem sehr positiven Ergebnis. Unabhängig davon, ob die Botschaft kongruent oder inkongruent ist, wird der Kommunikationsprozeß andauern – in beiden Fällen wird jeder von uns agieren und reagieren. Normalerweise ist die

Art zu handeln im *inkongruenten* Kommunikationskontext unpassend, unangemessen und chaotisch, während wir bei *kongruenter* Kommunikation gezielt, kreativ und der Situation angemessen handeln.

Geeichter Kommunikationszyklus

Im folgenden beschreiben wir die typischen Merkmale eines geeichten Kommunikationszyklus[2], der Leid bei den beteiligten Menschen mit sich bringt. Wir verwenden das aus 5 Schritten bestehende Kommunikationsmodell.

1. *Kommunikation* (Kommunikator):
Hierbei handelt derjenige, von dem die Botschaft ausgeht, sowohl bezüglich der Gestaltung als auch des Ablaufs des geeichten Zyklus, inkongruent. Mit anderen Worten passen seine Mitteilungen, die in Körperhaltung und -bewegung, Klang der Stimme, Färbung der Haut, Sprechtempo, Worten, Syntax etc. zum Ausdruck kommen, nicht zusammen. Meist ist sich der Kommunikator, der in seiner Kommunikation inkongruent ist, nicht bewußt, daß die von ihm ausgehenden Mitteilungen nicht übereinstimmen. Das ist möglich, weil er nur einen Teil der von ihm ausgehenden Botschaften bewußt wahrnimmt – alle zum Konflikt führenden Mitteilungen bleiben außerhalb seines Bewußtseins. Zum Beispiel:

> George: (schüttelt langsam den Kopf, atmet flach und unregelmäßig, hat das ganze Gewicht auf dem rechten Bein, das linke Bein leicht nach vorne, spricht mit barscher gereizter Stimme, die linke Hand leicht ausgestreckt, mit gestrecktem Zeigefinger, die rechte Hand ausgestreckt, mit der Handfläche nach oben)
> *»Oh, Mutter, wie schön von dir, daß du bei uns vorbeischaust.«*

Es besteht hier eine Diskrepanz zwischen den Botschaften, die George über seinen Körper – wie er sich bewegt, wie er atmet, wie er spricht – ausdrückt, und den von ihm gesprochenen Worten. Wenn man George jedoch danach fragen würde, dann würde er sich wahrscheinlich nur seiner Worte bewußt sein und nicht der widersprüchlichen Botschaften, die er über seine anderen Kommunikationskanäle äußert. Welcher Botschaften sich George am meisten bewußt ist, hängt eng damit zusammen, welches sein eigentliches Repräsentationssystem ist. Wir verstehen, daß George in dieser Situation nicht lügt oder versucht, sich selbst oder seine Schwiegermutter zu täuschen oder gar unehrlich zu sein. Vielmehr wissen wir, daß George über verschiedene simultan ablaufende Reaktionen verfügt, wenn er unerwartet seiner Schwiegermutter in der Haustür gegenübersteht. Ein Teil von George reagiert mit dem Versuch, höflich zu sein und seine Schwiegermutter willkommen zu heißen; der andere Teil von George ist offensichtlich erregt, verwirrt und ärgerlich etc. Wir wollen nun herausarbeiten, daß jede der von George ausgedrückten Botschaften eine gültige Darstellung eines Teils von ihm in diesem Augenblick ist. Werden diese Botschaften und damit auch der Teil von George, der sie hervorbrachte, geleugnet, ignoriert oder als schlecht verurteilt, dann werden auch wichtige Fähigkeiten von George, die ihm viel Kraft geben können, geleugnet und ignoriert. Diese Fähigkeiten können aber eine gute Gelegenheit zum Wachstum und zur Veränderung sein. Ferner ist es unserer Erfahrung nach buchstäblich unmöglich, einen Teil von einem Menschen tatsächlich zu verleugnen oder zu ignorieren; dieser Teil wird immer wieder zum Durchbruch kommen, bis er akzeptiert wird, möglicherweise verändert, und mit dem Menschen eine Einheit bildet. In der traditionellen Psychiatrie ist das *Konversionssymptom* ein Beispiel für diese anhaltende Selbstbehauptung eines verleugneten oder ignorierten Teils. Die Teile von George, die diese widersprüchlichen Botschaften hervorrufen, verstehen wir als inkonsistente Modelle der Welt, die noch nicht integriert sind.

2. *Erfahrung* (Empfänger):
Der Empfänger steht nun vor der Aufgabe, die ihm von dem Kommunikator dargebrachte Kommunikation zu verstehen – Botschaften, die nicht harmonieren, die nicht zusammenpassen. Normalerweise wird der Empfänger seine Aufmerksamkeit selektiv auf die Botschaften, die er über einen seiner Eingabekanäle erhält, richten und die übrigen vernachlässigen. Genauer heißt das unserer Erfahrung nach, daß sich der Empfänger zwar der Botschaften bewußt ist, die über den ausgewählten Eingabekanal ankommen, die verbleibenden Mitteilungen jedoch werden außerhalb seiner bewußten Wahrnehmung empfangen und registriert. Wiederum hängt es

von dem jeweils bevorzugten Repräsentationssystem ab, welche dieser Botschaften der Empfänger bewußt wahrnimmt. Wesentlich dabei ist, daß der Empfänger von inkongruenten Botschaften seinerseits alle miteinander in Widerspruch befindlichen Botschaften zur Darstellung bringt, einige bewußt, einige unbewußt. Wenn sich der Empfänger darüber im klaren ist, daß einige Botschaften widersprüchlich sind, dann wird er in den meisten Fällen den Kommunikator als unaufrichtig und hinterlistig betrachten. Wenn sich der Empfänger nur der Botschaften bewußt ist, die zusammenpassen – die widersprüchlichen Mitteilungen werden unbewußt empfangen und verarbeitet –, dann wird er sich normalerweise zunächst unbehaglich fühlen, empfängt er jedoch weiterhin inkongruente Kommunikation, so wird er nach einiger Zeit seinerseits mit inkongruenten Mitteilungen antworten. Diese Schilderung macht deutlich, wodurch Kinder inkongruent werden – sie erlernen es auf ganz natürliche Weise von wohlmeinenden Eltern. Ganz allgemein reagieren Menschen, die sich mehr auf den Inhalt konzentrieren als auf den Verlauf, sehr empfindlich auf Inkongruenz. Dieser Prozeß ist übrigens die Ursache für das Unbehagen, das von vielen Helfern erlebt wird, die täglich in ihrer Arbeit der Aufgabe gegenüberstehen, mit inkongruenten Menschen kommunizieren zu müssen. Einige gestörte Kommunikationsmuster – die Prozesse, die den Familienmitgliedern viel Leid zufügen – wiederholen sich in dem System, das während der Arbeit des Therapeuten mit einer Familie entsteht.

Das ist einer der Gründe, warum sich Therapeuten selbst häufig gerädert fühlen am Ende eines Tages und Schwierigkeiten in ihrem eigenen Leben bekommen.

3. *Schlußfolgerung* (Empfänger):
Wenn der Therapeut sich der Aufgabe gegenübersieht, die Aussage, die sich hinter widersprüchlichen Botschaften verbirgt, herauszufinden, dann wird er normalerweise eine der beiden Erfahrungen machen.

a) Wenn in Schritt (2), Erfahrung (Empfänger), der Empfänger seine Wahrnehmung der widersprüchlichen Botschaften so organisiert hat, daß er sich nur der konsistenten Botschaften bewußt wird, dann wird er zu der Schlußfolgerung kommen, daß der Kommunikator nur jene Botschaften beabsichtigt, deren sich er, der Empfänger, bewußt wird. Wie schon oben erwähnt, wird er die widersprüchlichen Botschaften unbewußt empfangen und verarbeiten und normalerweise zu dem Schluß kommen (unbewußt), daß der Kommunikator genau die Botschaften intendiert, die er, der Empfänger, außerhalb seines Bewußtseins empfangen hat. Das Ergebnis dieses Vorgangs ist, daß der Empfänger selbst widersprüchliche Abbilder seiner Erfahrung schafft und sich entsprechend verwirrt fühlt.

b) Wenn in Schritt (2), Erfahrung (Empfänger), der Empfänger seine Wahrnehmung der widersprüchlichen Mitteilungen so organisiert hat, daß ihm die Diskrepanzen bewußt geworden sind, dann wird er den Kommunikator als unehrlich und manipulativ ansehen oder gar als feindselig und boshaft.

4. *Generalisierung* (Empfänger):
Häufig werden im Kontext von inkongruenter Kommunikation alte Erfahrungen (besonders von der Herkunftsfamilie des Empfängers) aktiviert oder durch die widersprüchlichen Botschaften mit neuen Akzenten versehen. Es kann zum Beispiel sein, daß die besondere Kombination der widersprüchlichen Botschaften in den spezifischen sensorischen Kanälen Parallelen zu einem inkongruenten Kommunikationsmuster aufweist, das der Empfänger bei einem Elternteil erfahren hat. Oder es kann sein, daß die Gefühle der Verwirrung, die der Empfänger erlebt, die Erinnerung an bestimmte Erfahrungen aus der Vergangenheit wachrufen, in denen er sich auch verwirrt fühlte. Wenn zum Beispiel zwei Menschen eine gemeinsame Geschichte kommunikativer Erfahrungen haben und einer von beiden in der Vergangenheit bei Ärgergefühlen immer mit dem Finger auf den anderen zeigte, dann wird – im Falle, daß Fingerausstrecken als Teil von Inkongruenzen auftritt – der andere *nur* auf den ausgestreckten Zeigefinger reagieren, und diese Geste wird er in folgendem Sinne interpretieren:

mit dem Finger zeigen = der andere verspürt Ärger

ganz gleich, welche Botschaften außer dem ausgestreckten Finger noch im Spiel sind. Diese Art der Generalisierung – einen Teil von einer komplexen Erfahrung zu isolieren und ihn als repräsentativ für die Gesamterfahrung zu nehmen – ist wiederum ein Beispiel für das, was wir unter *Teil-Äquivalenz* verstehen. Wenn außerdem der eine sich darauf festlegt, daß der ausgestreckte Zeigefinger des anderen bedeutet, daß dieser ärgerlich ist, dann ist dies ein typisches Beispiel für das, was wir *Gedankenlesen* nennen. Ein wesentliches Kennzeichen dieser Generalisationsformen wie Teil-Äquivalenz und Gedankenlesen ist die Rigidität – die mangelnde Flexibilität. Derjenige, der diese Generalisationsformen anwendet, hat keine Überprüfungsmöglichkeiten bezüglich deren Zulässigkeit. Seine Schlußfolgerungen stehen fest und kommen automatisch zustande, oft unabhängig von dem jeweiligen Kontext, in dem sie geschehen. Wir betonen, daß im Prinzip gegen Generalisierungen als Mittel zur Organisation unserer Erfahrung nichts einzuwenden ist. Dieses Buch enthält selbst ja auch eine Reihe von Generalisierungen über unsere Erfahrungen in der Familientherapie. Nur wenn Generalisierungen fixiert und rigide werden, wenn sie in der Wahrnehmung zwischenmenschlicher Kommunikation ihren festen Platz haben, dann sind die Reaktionsmöglichkeiten stark eingeengt. Derartige Generalisierungen sind buchstäblich Voranannahmen – ein Filter von Generalisierungen aus alten Erfahrungen. Sie sind so fest im Verhalten des Betreffenden verankert, daß dieser es vorzieht, die empfangenen Botschaften zu verzerren, um sie seinen Generalisierungen anzupassen, als seinen Sinnen zu gehorchen und die Welt direkt wahrzunehmen. Die entsprechenden Verhaltensmuster sind gute Beispiele für selbsterfüllende Prophezeiungen – sie verhindern, daß derjenige, der damit umgeht, die Welt im Hier und Jetzt erfahren kann. Sie verzerren unmittelbares Erleben, damit es in die vorher festgelegten Konzepte paßt, und die Welt wird zu einer monotonen Wiederholung der Vergangenheit. Diese beiden Muster – Teil-Äquivalenz und Gedankenlesen – sind die Grundlage der geeichten Kommunikationszyklen, die viel Leid in Familiensystemen hervorbringen.

5. *Reaktion* (Empfänger):
Wie schon oben erwähnt, kann die Reaktion als der Anfang eines neuen Kommunikationszyklus betrachtet werden. Wenn dann der Empfänger der ursprünglich inkongruenten Kommunikation sich in seiner Antwort selbst inkongruent verhält, beginnt damit ein neuer Zyklus geeichter Kommunikation. Der Therapeut muß nun sehr sorgfältig vermeiden, seinerseits geeichte Kommunikationsformen zu entwickeln – vielleicht ohne sich dessen bewußt zu sein –, die er dann in der therapeutischen Arbeit anwendet und damit die vorhandenen destruktiven Muster eher verstärkt, als daß er mit den Familienmitgliedern neue Formen entwickelt. Ein Beispiel hierfür ist die Situation, in der der Therapeut den Angriff

eines Familienmitgliedes auf ein anderes Mitglied so beantwortet, als hätte der Angriff ihm selbst gegolten.

Es ist nicht ungewöhnlich, daß geeichte Kommunikationszyklen zwischen Familienmitgliedern immer mehr verkürzt werden, bis schließlich das bloße Heben der Augenbraue Schmerz und Wut bei anderen Familienmitgliedern auslösen wird.

Wir geben im folgenden ein aus einer Familientherapiesitzung stammendes Beispiel für einen solchen, in extremer Weise geeichten und Schmerz erzeugenden Kommunikationszyklus.

Die Familie in dieser Sitzung besteht aus drei Mitgliedern:
Henry – der Ehemann/Vater:
beschwichtigend, mit einem primär kinästhetischen Repräsentationssystem
Michele – die Ehefrau/Mutter:
anklagend, mit einem primär visuellen Repräsentationssystem
Carol – die Tochter (16 Jahre):
super-rational, mit einem primär auditiven Repräsentationssystem.

In einem früheren Gesprächsabschnitt wurden von jedem Familienmitglied eigene Wünsche in Form von Substantivierungen wie folgt benannt:

		Teil-Äquivalenz
Henry	– Liebe	berührt werden (besonders von Michele)
Michele	– Respekt	angeschaut werden
Carol	– Gleichwertigkeit	gehört werden (und ernstgenommen werden)

Beachten Sie, daß in diesem Teil des Protokolls die Teil-Äquivalenzen (Art und Weise, wie jemand Erfahrungen machen will) der einzelnen Familienmitglieder so stark miteinander in Wechselwirkung stehen, daß es möglich ist, sie miteinander in einem engen Zyklus geeichter Kommunikation zu koordinieren, obwohl die ursprünglich geäußerten Wünsche sehr stark voneinander abweichen.

Michele: ... In diesem Punkt ist es mir sogar egal, was du machst; ich kann nicht sehen, was es für einen Unterschied macht ... (den linken Finger gestreckt, schrille Stimme).

Carol: Ist schon gut (unterbricht) ... Ich werde dann jetzt gehen ...
Michele: ... (unterbricht und schreit) Dreh mir nicht immer den Rücken zu, du ...
Carol: Aber du hast gesagt, es sei dir egal, was ich mache, deshalb ... (wendet sich an Henry) ... Du hast doch gehört, was sie gesagt hat, oder?
Henry: Wie?
Michele: Henry, sie tut es wieder – sie respektiert mich nicht.
Henry: (geht an die Seite von Michele und legt unterstützend den Arm um ihre Taille) ... Nun, vielleicht könnte ich ...
Michele: (unterbricht Henry) Ach, Henry, laß mich – mir machen der Ungehorsam und der Mangel an Respekt von diesem Kind zu schaffen.
Henry: (mit leiser zittriger Stimme, feuchten niedergeschlagenen Augen) Ich wollte nur versuchen ... naja, vergiß es (wendet sich ab).
Michele: Ach Gott, nicht du auch noch!!
Carol: Es ist so lächerlich – Mama, ich denke, ich werde mich zurückziehen.
Michele: ... Es ist mir völlig egal, was du jetzt tust.
Carol: In Ordnung, auf Wiedersehen!!
Michele: (schreit) Mein liebes Fräulein, ich habe dir schon einmal gesagt, ich habe es dir schon tausendmal gesagt ... Henry, warum tust du eigentlich nie etwas?
Carol: Aber, du hast gesagt ...
Henry: (gemeinsam mit Carol) Wie?

Beachten Sie, wie die offensichtlich verschiedenen Bezeichnungen für die Wünsche der einzelnen Familienmitglieder (die Substantivierungen) tatsächlich in Wechselwirkung treten: Carol wünscht sich *Gleichwertigkeit* – als Erfahrung beschrieben bedeutet dies, daß sie will, daß man ihr genauso ernsthaft *zuhört*, wie sie anderen Familienmitgliedern zuhört. Michele wünscht sich Respekt – für sie bedeutet dies, daß die anderen Familienmitglieder sie anschauen sollen, wenn sie etwas macht, was alle angeht. Michele beginnt damit, daß sie (mit Worten) ausdrückt, daß es ihr egal ist, was Carol macht. Carol nimmt mit ihrem Modell der Welt (auditiv) Micheles Worte ernst und wendet sich ab, sie ignoriert die zu den Worten inkongruenten Botschaften, die ihre Mutter über Körperbewegungen und Klang ihrer Stimme mitteilt. Michele explodiert dabei, da für sie dieses Abwenden gleichbedeutend mit Mangel an Respekt ist. Carol sucht Unterstützung von Henry, indem sie ihn auffordert zu bestätigen, was Michele gesagt hat. Henry hat mit seinem kinästhetischen Darstellungssystem Nuancen in dem Austausch vermißt, die ein visuelles und auditives Darstellungssystem zum vollen Verständnis erforderlich machten. Wenn Michele fordert, daß Henry ihr antwortet, dann tut er dies auf die Art, wie es am besten zu seinem Bild von der Welt paßt: er geht an die Seite von Michele und berührt sie. Sie will aber seine *visuelle* Aufmerksamkeit und sie kann den kinästhetischen Kontakt von Henry nicht als fürsorgliche Reaktion anerkennen. Henry fühlt sich daraufhin zurückgestoßen und zeigt dies, indem er sich mit dem Gefühl, ungeliebt zu sein, abwendet. Dies ist natürlich für Michele ein Zeichen, daß er sie nicht »respektiert«. Carol bittet jetzt um die Erlaubnis, gehen zu dürfen. Michele gibt Carol eine inkongruente Antwort – und der Zyklus beginnt von vorne. Dieses Beispiel zeigt, wie sehr unterschiedlich klingende Worte (Substantivierungen) eng miteinander verbunden sein können – so eng, daß das entsteht, was wir geeichte Kommunikation nennen.

In dem letzten Teil dieses Buches soll geschildert werden, welche Möglichkeiten der effektiven, kreativen Intervention einem Therapeuten in einem geeichten Kommunikationssystem bleiben.

Rückgekoppelter Kommunikationszyklus

Im folgenden beschreiben wir kurz, worin sich der aus fünf Schritten bestehende rückgekoppelte Kommunikationszyklus von den geeichten Kommunikationszyklen unterscheidet.

1. KOMMUNIKATION (Kommunikator):
Wenn der Kommunikator kongruent ist – alle Botschaften passen zusammen –, gibt es keine Probleme; der Kommunikator ist identisch in seinem Ausdruck. Wenn der Kommunikator inkongruent ist, bleibt er doch in Kontakt mit seiner fortschreitenden Erfahrung, so daß er selbst die Inkongruenz in seiner Kommunikation entdecken wird. Dies läßt ihm viele Möglichkeiten.

2. Erfahrung (Empfänger):
Wenn der Kommunikator kongruent in seinem Ausdruck ist, dann entstehen keine Schwierigkeiten. Wenn der Kommunikator inkongruent ist, hat der Empfänger, wenn er sich der Inkongruenz bewußt ist, die Freiheit, freundlich die Aufmerksamkeit des Kommunikators auf die Inkongruenz zu lenken und, falls er darum gebeten wird, kann der Empfänger dem Kommunikator zusätzliche Rückmeldung anbieten, um ihm zu helfen, die widersprüchlichen Botschaften und die entsprechenden ursprünglich damit verbundenen Modelle zur Deckung zu bringen. Wenn man zum Beispiel einen Menschen sieht, der langsam den Kopf schüttelt, während er sagt, daß er wirklich das Geschirr abspülen will, dann könnte der Empfänger freundlich den folgenden Kommentar geben: »Ich habe gehört, daß du sagtest, du wolltest das Geschirr abspülen, und gleichzeitig habe ich gesehen, daß du langsam den Kopf schütteltest. Ich möchte gerne wissen, ob du mir helfen kannst, mir darauf einen Reim zu machen.« Das Wesentliche dabei ist, daß der Empfänger so frei ist, eine Bemerkung zu machen, und der inkongruente Kommunikator bereit ist, den Kommentar zu akzeptieren, ohne sich angegriffen zu fühlen und ohne um sein Selbstwertgefühl[3] fürchten zu müssen. Damit sind die wichtigsten Bestandteile einer Kommunikation mit Rückkoppelung genannt worden.

Wenn sich der Empfänger anfangs der Inkongruenzen in der ursprünglichen Fassung der Botschaften nicht bewußt ist, verspürt er unter Umständen doch eine vage Unbehaglichkeit, die die Diskrepanz zwischen den Bedeutungen der bewußt bzw. unbewußt wahrgenommenen Botschaften widerspiegelt. In diesem Fall hat er die Freiheit zu sagen, daß er sich unbehaglich fühlt, und kann die Quelle dieses Unbehagens gemeinsam mit dem Kommunikator erforschen. Dies erfordert, daß der Empfänger für sein eigenes Erleben sensibel ist und die Fähigkeit hat, seine Gefühle des Unbehagens zu ergründen, ohne daß seine Selbstachtung dadurch tangiert wird.

3. Schlussfolgerung (Empfänger):
Wenn die Botschaften, die der Empfänger annimmt, kongruent sind, hat er keine Schwierigkeiten, die Bedeutung dessen, was der Kommunikator beabsichtigt, zu verstehen. Wenn der Kommunikator inkongruente Botschaften mitteilt, wird der Empfänger, gleichgültig ob er sich der widersprüchlichen Botschaften im einzel-

nen bewußt ist oder nicht, zu der Schlußfolgerung kommen, daß für ihn irgend etwas mit dieser Kommunikation nicht in Ordnung ist. Dies kann sich im Bewußtsein des Empfängers vollziehen, und er wird dann die Freiheit haben, die entsprechenden Schlußfolgerungen, die er aus den widersprüchlichen Botschaften gezogen hat, freundlich aufzuzeigen, und vielleicht dem Kommunikator spezielles Feedback geben (zum Beispiel, daß die Körperhaltung des Kommunikators nicht zu dem Klang der Stimme paßte), wenn er die Einzelheiten der Inkongruenz mit dem Kommunikator gemeinsam zu ergründen versucht. Wenn der Empfänger sich der einzelnen widersprüchlichen Botschaften nicht bewußt ist (das heißt, wenn er seine Erfahrung so organisiert hat, daß er bewußt nur die Botschaften, die zusammenpassen, wahrnimmt, die widersprüchlichen Botschaften jedoch unbewußt empfängt und akzeptiert), wird er normalerweise zu dem Schluß kommen, daß er verwirrt ist. Wenn der Empfänger sensibel ist für seine eigene Erfahrung und wenn er seine Verwirrung erkennt, dann kann er frei darüber sprechen und er hat die Möglichkeit, den Kommunikator zu bitten, ihm bei der Lösung zu helfen. Das besonders Wichtige hierbei ist, daß sowohl der Empfänger als auch der Kommunikator die Möglichkeit haben, ihre Kommunikation zu erforschen, ohne daß es bedrohlich für ihre Selbstachtung werden könnte – ohne daß der Austausch zu einer Frage des Überlebens wird –, vielmehr daß beide die Gelegenheit als eine Chance für Entwicklung und Veränderung nutzen.

4. Generalisierung (Empfänger):
Die in einem *rückgekoppelten* Kommunikationszyklus durch den Empfänger vorgenommene Generalisierung unterscheidet sich von jener im geeichten Kommunikationszyklus vor allem dadurch, daß beim Eintreffen inkongruenter Botschaften, von denen alte Erfahrungen in Erinnerung gerufen werden, ein einigermaßen Sensibler sich bewußt ist, daß er die ablaufenden Interaktionen nur teilweise erfaßt, während der restliche Teil seiner Aufmerksamkeit sich anderen Erfahrungen widmet, die zu anderer Zeit an anderem Ort gemacht wurden. Das Wissen darum, daß es etwas Unerledigtes gibt, das in einem bestimmten Zusammenhang steht zu dem vom Kommunikator benutzten speziellen Muster von Inkongruenz, ermöglicht schließlich eine Fortführung der Kommunikation. Wenn der Empfänger begreift, daß Teile seines aktuellen

Erlebens von etwas anderem herrühren, hat er die Möglichkeit, mit dem Kommunikator darüber zu reden und ihn um Rückmeldung zu bitten, damit es ihm mit dessen Hilfe gelingen möge, die unerledigten Muster aus der Vergangenheit, die ihn gerade abgelenkt haben, in den Griff zu bekommen. Tritt beim Empfänger Verwirrung ein oder wird er sich bewußt, daß sich ein altes Erlebnis einschleicht, das ihn daran hindert, die Gegenwart zu erfahren, so achtet er im rückgekoppelten Zyklus im Gegensatz zum geeichten auf diese Wahrnehmung, um zu erfahren, was passiert ist. Dadurch, daß er in der Lage ist, über sein Gefühl sofort mit der aktuellen Situation in Kontakt zu kommen und mit dem Kommunikator in Verbindung zu treten, kann ihm sein Erleben der Konfusion oder der Ablenkung dazu dienen, mehr über sich selbst zu erfahren und die Menschen, mit denen er kommuniziert. Damit ist es ihm auch möglich, sowohl jene Muster zu entlarven, die seine Erfahrung dadurch verzerren, daß sie einen Teil der Botschaft mit der ganzen Kommunikation gleichsetzen (Teil-Äquivalenz), als auch jene, die über das innere Erleben des Kommunikators Bescheid wissen, ohne sich bei ihm vergewissert zu haben (Gedankenlesen). Die Generalisierungen, die der Empfänger in einem rückgekoppelten Zyklus macht und anwendet, sind also flexible Richtlinien zur Orientierung, die ständig auf den neuesten Stand gebracht und auf der Erfahrungsebene überprüft werden.

5. Reaktion (Empfänger):
Wenn der Kommunikator seinen Zyklus mit einer inkongruenten Kommunikation begonnen hat, dann hat entweder der Empfänger die widersprüchlichen Botschaften bewußt entdeckt und versucht, diese mit dem Kommunikator zusammen zu untersuchen, indem er Rückmeldung verwendete, oder er hat ein Gefühl der Konfusion entdeckt und angefangen, es zu ergründen. Wenn keines von beiden geschehen ist, dann wird normalerweise die Reaktion des Empfängers die Inkongruenz widerspiegeln — das heißt, der Empfänger selbst wird dem Kommunikator inkongruente Botschaften anbieten. Wenn beide, der ursprüngliche Kommunikator und der ursprüngliche Empfänger, die Freiheit haben, über irgendeine Konfusion oder Inkongruenz zu sprechen oder sie zu ergründen, ohne daß der Austausch bedrohliche Formen annimmt, dann wird sehr bald der eine oder der andere der Beteiligten mit einem Rollentausch zwischen Kommunikator und Empfänger beginnen,

wiederum Muster gestörter Kommunikation entdecken und diese Gelegenheit als Chance benutzen, etwas dazuzulernen.

Die Rolle der beiden unterschiedlichen Typen von Kommunikationszyklen in der Therapie läßt sich kurz folgendermaßen beschreiben: Es ist die Aufgabe des Therapeuten, den Familienmitgliedern zu helfen, daß sie ihre Kommunikationsmuster von geeichten in rückgekoppelte Zyklen verwandeln (siehe Seite 99). Für eine effektive Nutzung dieses Modells ist es wichtig, daß der Therapeut auch seine eigenen Kommunikationsmuster mit den Familienmitgliedern überprüft und darauf achtet, daß er nicht *selbst* in deren destruktive Kommunikationsmuster miteinbezogen wird. Die spezifischen Möglichkeiten des Therapeuten, effektiv zu intervenieren, sind das Hauptthema für die restlichen Kapitel des Teils II. Wir bieten Ihnen das aus fünf Schritten bestehende Kommunikationsmodell zum Gebrauch an, damit mehr Klarheit darüber entsteht, auf welche Weise die einzelnen Interventionstechniken zusammenpassen.

Im folgenden wollen wir im einzelnen die dem Therapeuten zur Verfügung stehenden Interventionsmöglichkeiten auf der Grundlage dieses Kommunikationsmodells darstellen.

Das allgemeine Grundmuster in unserem Familientherapiemodell umfaßt drei Phasen:

I. Datenerfassung
II. Systemumwandlung
III. Konsolidierung

I. Datenerfassung

In der ersten Phase der Familientherapie bemüht sich der Therapeut gemeinsam mit den Familienmitgliedern darum, jene Daten zu erfassen, die ihm zu einer ersten Erfahrung mit dieser Familie verhelfen (Phase II) und für ihn damit die Grundlage seines Modells für deren weitere Entwicklung und Veränderung sind. Die entscheidende Frage für den Therapeuten ist in diesem Zusammenhang: Welche Einführungserfahrung eignet sich am besten als Modell für diese Familie. Eines der Hauptanliegen des Therapeuten in dieser Phase besteht darin, genau zu bestimmen, welche Erfahrung er tatsächlich am Anfang als Modell benutzen will. Wir nennen dieses therapeutische Handeln *»Bestimmung des gewünschten Zustands«*. Im wesentlichen ist der gewünschte Zustand die Beschreibung einer Lebensbedingung für die Familie, deren Einhaltung die Wünsche der einzelnen Familienmitglieder zufriedenstellen würde. Es geht also in dieser Phase für den Therapeuten darum, herauszufinden, welche Vorstellungen die Familienmitglieder selbst von ihren Lebenserfahrungen haben.

In der Phase der Bestimmung des gewünschten Zustands für die Familie hört der Therapeut zu und beobachtet, erfährt aber erst dann wirklich etwas von der Familie, wenn diese beginnt, ihre Hoffnungen zu äußern und ihre Ängste als Individuen und als Familie anzusprechen. Dies ist die zweite Kategorie der Information, die der Therapeut sucht: Daten über den *gegenwärtigen Zustand* der Familie. Um in Phase II effektiv handeln zu können, muß der Therapeut nicht nur wissen, was die Familie will – dafür wählen wir die Bezeichnung gewünschter Zustand –, sondern auch, welche Stärken die Familie gegenwärtig entwickelt hat.

Wir betonen, daß das, was wir als den *gegenwärtigen Zustand* und den *gewünschten Zustand* bezeichnen, Substantivierungen sind. Diese Substantivierungen sind nur in dem Maße nützlich, wie der Therapeut und die Familienmitglieder verstehen, daß der gegenwärtige Zustand in Wirklichkeit kein Zustand ist, sondern ein *Prozeß* – andauernde Interaktion und Kommunikation. Ferner ist der gewünschte Zustand – die Erfahrung, die die Familienmitglieder und der Therapeut in Phase II schaffen werden – tatsächlich der erste Schritt in dem Prozeß der Öffnung des Familiensystems für mögliche Entwicklung und Veränderung.

Was wir in unserer Praxis immer wieder festgestellt haben, ist, daß der gewünschte Zustand, den die Familienmitglieder mit Hilfe des Therapeuten erkennen – ganz gleich wie unterschiedlich die Familien selbst auch sein mögen –, immer ein Zustand ist, in dem alle Familienmitglieder anfangen, sich kongruenter zu verhalten, als sie dies in der gegenwärtigen Situation tun. Für uns ist Kongruenz wiederum ein Prozeß – der fortschreitende Prozeß des Lernens und der Integration.

Welche der Muster für Auseinandersetzung, die von der Familie

THERAPEUTISCHE INTERVENTION

Familie		Familie
Geeichte Kommunikationszyklen		Rückgekoppelte Kommunikationszyklen
Inkongruenz	→	Kongruenz
Verwechseln eines Teils der Botschaft mit der ganzen (Teil-Äquivalenz)	→	Anerkennung der gesamten Botschaft (widersprüchlich oder nicht) – Rückmeldung
Annahme, eine Botschaft zu verstehen, ohne Überprüfung (Gedankenlesen)	→	Freundliche Überprüfung
Starre, festgelegte Generalisierung	→	Flexible, auf dem neuesten Stand befindliche Generalisierung stehen der Sinneswahrnehmung gegenüber
Folgen	→	Folgen
Unpassendes, unangemessenes und chaotisches Verhalten	→	Passendes, angemessenes, kreatives Verhalten
GESCHLOSSENES SYSTEM	→	OFFENES SYSTEM

und ihren Mitgliedern dem Therapeuten dargeboten werden, sind am besten dafür geeignet, eine Umgebung für Wachstum und Veränderung zu schaffen – ob nun die Familienmitglieder diese Prozeßmuster von Anfang an als praktikable Möglichkeiten betrachten oder nicht? Um eine wirksame Modellerfahrung zu schaffen, muß der Therapeut sowohl die Richtung der Veränderung als auch die gegenwärtig verfügbaren Kräfte der Menschen, mit denen er arbeitet, verstehen.

Das dritte Merkmal für kreative, effektive Familientherapie besteht darin, mit den Familienmitgliedern darauf hinzuarbeiten, daß sie *aktiv teilnehmen* an der Gewinnung der Modellerfahrung. Das Teilhaben an der Entstehung dieser Erfahrung macht erforderlich, daß die Familienmitglieder ganz anders handeln, als sie es in der Vergangenheit gewohnt waren. Mit anderen Worten, sie gehen Risiken ein. Es gibt verschiedene Wege, wie der Therapeut den Familienmitgliedern systematisch dabei helfen kann, diese neuen Schritte zu machen. Zunächst versucht der Therapeut zu erreichen, daß die Familienmitglieder ihm, als der wirkenden Kraft für Veränderung, vertrauen. Der Therapeut handelt als Modell für Kongruenz, indem er selbst kongruent kommuniziert – alle Botschaften, die er mitteilt, müssen zusammenpassen. Seine Bewegungen müssen mit dem Klang seiner Stimme zusammenpassen, diese wiederum zu den Worten, die er gebraucht, diese wiederum zu ... Außerdem muß der Therapeut genau darauf achten, das von jedem Familienmitglied am häufigsten verwendete Repräsentationssystem zu erkennen. Wenn ihm dies gelungen ist, dann kann das Vertrauen eines jeden einzelnen zu ihm in dem Maße anwachsen, als der Therapeut in der Lage ist, seine eigenen Prozeßworte (Prädikate) dem Repräsentationssystem desjenigen, mit dem er spricht, anzugleichen. Noch wirksamer als die einfache Anpassung der Prozeßworte (Prädikate) an das jeweilige Familienmitglied ist es, wenn der Familientherapeut die Geschicklichkeit besitzt, die Betonung zu variieren, die er auf die verschiedenen, für jedes einzelne Familienmitglied ausgewählten Kommunikationssysteme legt. Bei einem Familienmitglied zum Beispiel, dessen bevorzugtes Repräsentationssystem visuell ist, wird der gewandte Therapeut sich mit dem Körper, Hand- und Armbewegungen mitteilen – also mit Signalen, die das Familienmitglied *sehen* kann. Mit einem Familienmitglied, dessen primäres System kinästhetisch ist, wird der Therapeut in erster Linie Körperkontakt suchen, ihn *berühren*, um bestimmte Dinge mitzuteilen oder gewisse Punkte hervorzuheben, und damit sicherstellen, daß das Familienmitglied ihn versteht. Der Therapeut benutzt seine Kommunikationsfähigkeiten zum einen, um ein Beispiel zu geben, und zum anderen, um den Prozeß einer effektiven Kommunikation zu explizieren. Wenn also zum Beispiel ein Familienmitglied dem Therapeuten eine verbale Kommunikation anbietet, die eine Löschung enthält und damit unverständlich wird, dann fragt der Therapeut nach der fehlenden Information, statt daß er sich ausmalt, was es sein könnte. Oder wenn ein Familienmitglied Gedanken liest oder inkongruent kommuniziert, dann kann der Therapeut angemessen dazu Stellung nehmen — damit zeigt er zum einen, welche Bedeutung es hat, freimütig Kommentare abgeben zu können, und zum anderen, daß klare Kommunikation anderen Familienmitgliedern gegenüber gleichermaßen wichtig ist. Wenn der Therapeut kommuniziert, dann läßt er den Familienmitgliedern genügend Raum zu reagieren, indem er höfliche Aufforderungen *(Forderungen im Konversationsstil)* und eingebettete Fragen verwendet. Er zeigt, daß er die Fähigkeiten der Familienmitglieder, den ablaufenden Prozeß zu verstehen und daran teilzunehmen, schätzt, indem er sie auffordert, Stellung zu nehmen zu dem, was zwischen ihm selbst und einem anderen Familienmitglied abläuft. Durch diese Techniken kommt er mit jedem Familienmitglied in Berührung und kann so deren Vertrauen in seine Fähigkeiten als Kommunikator und als Träger der Veränderung festigen.

Eine zweite wichtige Möglichkeit therapeutischen Handelns zum Zwecke der Vorbereitung der Familienmitglieder auf die Veränderung besteht darin, mit diesen die gewonnenen Informationen zu besprechen, wobei der Therapeut seine kommunikativen Fähigkeiten gut nützt. Normalerweise beginnen die Familienmitglieder mit einer Aussage bezüglich dessen, was sie für sich und ihre Familie wünschen; diese Aussage enthält immer eine Substantivierung. Wenn der Therapeut Daten erfaßt, dann praktiziert er Ent-Substantivierung, das heißt, er verwandelt die Darstellung eines *Ereignisses* in einen *Prozeß*. Im Rahmen dieser Informationsbearbeitung mit den Familienmitgliedern sollte es möglich sein, daß der Weg der Familie in dem Punkt, wo sie jetzt steht, als Abfolge von Schritten in einem Prozeß gesehen wird. Wenn die Familienmitglieder ihre eigene Familiengeschichte als einen logischen, Schritt für Schritt ablaufenden Prozeß begreifen lernen, dann können sie die Hoffnung haben, daß es in diesem Prozeß einen *nächsten* Schritt geben wird, der ihnen die Möglichkeit einräumt, die gewünschten Veränderungen zu verwirklichen. Der Therapeut wird nicht versuchen, den Familienmitgliedern unbedingt seinen eigenen Kenntnis- und Erfahrungsstand zu vermitteln – seine Aufgabe ist es nicht, Familientherapeuten auszubilden. Allerdings versagt er der Familie auch keine relevante Information. Vielmehr benutzt er seine Fähigkeiten als Kommunikator und gibt den Familienmitgliedern die Information, die jeder braucht, um zu verstehen, daß eine Veränderung möglich ist. Wenn der Therapeut seine Kenntnisse über die Kommunikationsprozesse in der Familie mitteilt, dann beschreibt er seine Erfahrungen – er bewertet nicht, noch verurteilt er. Diese Unterscheidung zwischen der *Beschreibung des Prozesses* und der *Bewertung des Verhaltens von anderen Menschen* ist an sich schon ein wichtiger Lernschritt für die Familienmitglieder.

Eine erfolgreiche therapeutische Anwendung der theoretischen Erkenntnisse über Darstellungssysteme und Kongruenz sowie das gemeinsame Besprechen neuer Erkenntnisse in der Familie sollte zunehmendes gegenseitiges Verständnis und Vertrauen der Familienmitglieder untereinander mit sich bringen. Unsere Bemühungen um eine Verbesserung der Kommunikation haben sich bereits dann gelohnt, wenn es uns gelingt, ein Familienmitglied davon zu überzeugen, daß ein anderes Familienmitglied nicht bösartig ist oder schlecht oder verrückt, wenn es seinen Kommunikationsversuchen kein Verständnis entgegenbringt, sondern daß vielmehr ihre Kommunikationen einfach nicht zueinanderpassen, da jeder seine Aufmerksamkeit auf einen anderen Teil der gemeinsamen Erfahrung richtet.

Im Gegensatz zu dem, was viele Menschen erwarten, kann Verschiedenheit zu einer Chance für Weiterentwicklung werden; sie sorgt für die notwendige Spannung, das gleichbleibende Interesse und die ständige Herausforderung, Neues zu erfahren, wenn es gelingt, die in ihr liegenden Impulse in die gewünschte Richtung zu lenken. Verschiedenheit kann sich natürlich auch negativ auswirken; dann wiederum kann Gleichheit der zusammenhaltende Faktor sein. Beides, Gleichheit und Verschiedenheit, sind wichtig; darin zeigt sich ja gerade die Einzigartigkeit des Menschenwesens. Ein Großteil der therapeutischen Arbeit besteht darin, diese beiden Qualitäten ins Gleichgewicht zu bringen. Im einzelnen sollte der

Therapeut seine Fähigkeiten nutzen, um den Familienmitgliedern zu helfen, aus den Verschiedenheiten, die bislang nur Ursache von Leid waren, eine Chance für neue Erfahrungen und Fortschritte werden zu lassen.

Wenn der Therapeut mit der Familie arbeitet, um den Mitgliedern zu helfen, die einzelnen *Prozeß*schritte, durch die sie in ihre gegenwärtige Situation kamen, zu verstehen, und ihnen die Unterschiede zwischen *deskriptiver* und *beurteilender* Sprache beibringt, dann erinnert sich die Familie häufig einer lähmenden Episode aus der Vergangenheit, die in den meisten Fällen auf einer Kommunikationsstörung beruhte. Dieses Erlebnis kann dazu benutzt werden, ihnen zu zeigen, daß jede menschliche Erfahrung aus der Vergangenheit aufgedeckt, verstanden und nutzbar gemacht werden kann

Wenn es dem Therapeuten als Initiator der Veränderung gelingt, das Vertrauen aller Familienmitglieder zu gewinnen und ihnen die erforderlichen Kenntnisse zu vermitteln, dann sind die Voraussetzungen dafür geschaffen, daß die Familienmitglieder bereitwillig neues Verhalten erproben, daß sie es wagen, unbekanntes Gebiet zu betreten, und daß sie sich schließlich darum bemühen, neue Beziehungen innerhalb der Familie aufzubauen. Für diesen Veränderungsprozeß der Phase I sollten die Familienmitglieder jedoch sorgfältig vorbereitet werden; nur so können die geweckten Hoffnungen, die freigesetzte Energie und die kreative Anteilnahme ihnen zu einer Erfahrung verhelfen, die für sie als Modell für zukünftige Entwicklungen geeignet ist.

Bestimmung des gewünschten Zustands

Allein schon die Anwesenheit einer Familie in einer Therapiesitzung kann als Aussage dafür gewertet werden, daß diese Familie ihren gegenwärtigen Zustand – nämlich die Art und Weise, miteinander umzugehen, zu kommunizieren und zu interagieren – als unbefriedigend empfindet. Der Familie ist irgendwie klargeworden, daß eine Diskrepanz besteht zwischen ihrer gegenwärtigen Erfahrung als Familie und den Wunschvorstellungen ihrer einzelnen Mitglieder. Unserer Erfahrung nach haben die Mitglieder einer Familie, die sich in Therapie begibt, durchaus bestimmte Vorstellungen von den für sie wünschenswerten Veränderungen. Das erste Ziel des Therapeuten ist herauszufinden, um welche Veränderungen es sich dabei handelt. Dies gelingt ihm sicher am einfachsten und wirkungsvollsten dadurch, daß er sich jedem einzelnen Familienmitglied vorstellt und fragt, was im *einzelnen* dessen Wünsche als Individuum und für die Familie insgesamt sind. Eine solche Vorgehensweise kann der Familie als Modell zu kongruentem Kommunizieren dienen. Der Therapeut ist sich darüber im klaren, daß der Inhalt einer Kommunikation – die spezifischen Hoffnungen einer jeweils konkreten Familie – zwar wichtig ist, daß aber der eigentliche Vorgang der Informationsübermittlung an ihn, der wesentliche Teil des Kommunikationsprozesses also, sich unbewußt vollzieht, mit ihm selbst als Modell.

Was wünschen Sie für sich und Ihre Familie?

Auf welche Weise genau würden Sie gerne sich und Ihre Familie verändern?

Was erhoffen Sie sich für sich selbst und für Ihre Familie in der Therapie?

Wenn Sie sich selbst und Ihre Familie in irgendeiner Weise verändern könnten, wie würde das aussehen?

Wenn ich Ihnen einen Zauberstab geben könnte, wie würden Sie ihn gebrauchen?

Jede dieser Fragen wird dazu beitragen, den Prozeß der Bestimmung des gewünschten Status für die Familie zu definieren. Wenn die Familienmitglieder auf die Fragen des Therapeuten zu antworten beginnen, dann werden sie normalerweise ihre Vorstellungen darüber, was sie für sich selbst und ihre Familie wünschen, in Form von Substantivierungen beschreiben. Zum Beispiel sagen viele Familien, mit denen wir gearbeitet haben, daß sie mehr *Liebe, Unterstützung, Bequemlichkeit, Respekt* etc. wollen. Mit jedem dieser Worte wird ein *Prozeß* als *Ereignis* dargestellt, wobei die Mehrzahl der Phasen dieses Prozesses unberücksichtigt bleibt. Die Familienmitglieder beginnen manchmal damit, festzustellen, was sie *nicht wollen.* Der Therapeut verwendet die in Teil I dargestellten linguistischen Muster und arbeitet mit dem einzelnen Familienmitglied daran, positive Aussagen über das Gewünschte zu erhalten – Aussagen, mit denen sich der Betreffende voll und ganz identifizieren kann.

Wie wir im ersten Teil dieses Buches aufgezeigt haben, gehen mit Substantivierungen die Sprachprozesse der Löschung, des *Mangels an Bezugsindizes* und der *unspezifizierten Verben* einher. Wenn zum Beispiel ein Familienmitglied einfach sagt, daß sie oder er *mehr Liebe* will, dann fehlt ein Großteil notwendiger Information – wen der Betreffende lieben oder von wem er geliebt werden will und auf welche Weise im einzelnen der Betreffende von dem anderen Menschen (oder den Menschen überhaupt) geliebt werden will. Indem der Therapeut systematisch die Löschungen, die fehlenden Bezugsindizes, die unspezifizierten Verben und Substantivierungen erkennt und hinterfragt, sammelt er die Information, die er braucht, um die Wünsche der Familienmitglieder zu verstehen.

In dieser Phase der Familientherapie nutzt der Therapeut seine Fähigkeiten als Kommunikator dazu, die von den Familienmitgliedern benutzten Worte mit den entsprechenden Wünschen zu verbinden. Dieses Vorhaben der adäquaten Entsubstantivierung der Ausdrucksweise eines Familienmitgliedes kann als gelungen betrachtet werden, sobald der Therapeut es versteht, dessen Wünsche in beobachtbaren Verhaltensweisen zu erkennen, oder anders ausgedrückt, sobald er in der Lage ist, einige Verhaltensweisen auszuüben, die das betreffende Familienmitglied als Artikulation seiner Wünsche akzeptieren kann. Es gibt zwei Hauptvorgehensweisen, um Sprache und Erfahrung angemessen miteinander zu verbinden (Entsubstantivierung):

a) Verwenden Sie die linguistischen Unterscheidungen von Löschung, Mangel an Bezugsindizes, unspezifizierten Verben, Substantivierungen und modalen Operatoren;
   oder
b) Lassen Sie die Familienmitglieder ein Stück weit das ausagieren, was sie als eine Verkörperung ihrer Wünsche betrachten.

Diese beiden Möglichkeiten, den Prozeß der Entsubstantivierung einzuleiten, sind unserer Erfahrung nach enger miteinander verbunden, als dies zunächst den Anschein hat. Dies läßt sich folgendermaßen erklären: Wenn ein Familienmitglied entweder verbal seine Wünsche beschreibt oder die Ursachen für die Nichterfüllung dieser Wünsche, dann wird es fast immer dazu kommen, daß sowohl durch ihn als auch durch die anderen Familienmitglieder genau das offen ausagiert wird, was Gegenstand der verbalen Beschreibung ist. Mit anderen Worten, die Familienmitglieder vermengen ihre *verbale Kommunikation* mit ihrem *non-verbalen Verhalten.* Beachtet der Therapeut diese Vermengung, so wird es ihm frühzeitig gelingen, sich ein Bild von den Wünschen des betreffenden Familienmitglieds zu machen, dadurch nämlich, daß er auf die an entsprechenden Stellen der Therapiesitzung ausgesandten Signale achtet und sich auf den Prozeß konzentriert, dem diese zuzurechnen sind. Ausgehend von der engen Zusammengehörigkeit der beiden Entsubstantivierungsverfahren, schaffen wir uns eine Orientierungshilfe dadurch, daß wir uns mögliche Erfahrungen ausdenken, die sowohl auf uns als auch auf die Familienmitglieder bezogen sind und die so viele Wahrnehmungskanäle und Darstellungssysteme wie möglich umfassen. Diese Vorarbeit ist für uns eine Grundvoraussetzung für effektive Lernbedingungen und Veränderung. Indem der Therapeut es vorzieht, eine Erfahrung *auszuagieren*, statt sie nur einfach mit der Familie zu *besprechen*, bezieht er alle Erfahrungskanäle der Familie (den visuellen, kinästhetischen und auditiven) mit ein.

Der eingeleitete Prozeß erfüllt seinen Zweck, wenn der Therapeut in die Lage versetzt wird, Anteile des beobachtbaren Verhaltens den Wünschen eines Familienmitgliedes zuzuordnen – mit anderen Worten, die Entsubstantivierung ist gelungen, wenn der Therapeut herausgefunden hat, in welchen Erfahrungen (Teil-Äquivalenz) jeweils die Wünsche der Familienmitglieder beispielhaft zum Ausdruck kommen.

Eine der Hauptaufgaben des Therapeuten in Phase I ist erfüllt, wenn er es geschafft hat, für jedes Familienmitglied eine Brücke zwischen Sprache und Erfahrung zu bauen (Entsubstantivierungen). Um jedoch herauszubekommen, welches der gewünschte Zustand der Familie als ganzer ist, muß der Therapeut noch einen weiteren, wesentlichen Schritt tun. Die Entsubstantivierungen für jedes einzelne Familienmitglied können Erfahrungen zur Folge haben (Teil-Äquivalenzen), die relativ beziehungslos nebeneinander stehen. Über den gewünschten Zustand der Familie als ganzer, dessen Kenntnis den Therapeuten befähigt, sein Verhalten so einzurichten, daß ein vereinigendes Erlebnis mit der Familie zustande kommen kann, entsteht Klarheit durch die Koordination aller von den Familienmitgliedern für sich selbst gewünschten Erfahrungen. Mit anderen Worten geht es für den Therapeuten darum, die individuellen Entsubstantivierungen so einzurichten, daß für die verschiedenen gewünschten Erfahrungen (Teil-Äquivalenzen) ein gemeinsamer Nenner gefunden oder zumindest ein zusammenhangloses Nebeneinander vermieden wird. Die hier stattfindende

Koordination ist von besonderer Bedeutung, da die zu koordinierenden, von den einzelnen Familienmitgliedern vertretenen Teil-Äquivalenzen für den Therapeuten die Basis zur Schaffung einer gemeinsamen Erfahrung mit der Familie darstellen. Im Lauf eines solchen Prozesses der vorsichtigen und wohlwollenden Integration der verschiedenen, von den einzelnen Familienmitgliedern gewünschten Erfahrungen, wird schließlich jede Gemeinsamkeit im Erleben zutage treten. Wir haben in der Familientherapie häufig die Erfahrung gemacht, daß noch so unterschiedlich klingende verbale Beschreibungen für die betroffenen Familienmitglieder zur Deckung zu bringen sind, wenn sie erst einmal mit Erfahrung verbunden werden.

Die Beziehungen, die sich schließlich zwischen den Einzelerfahrungen herausbilden, sind für den Therapeuten ein Anzeichen dafür, daß es ihm gelungen ist, Worte und Erfahrungen der Familienmitglieder auf adäquate Weise zusammenzubringen, daß ihm die Entsubstantivierung der Familie als ganze gelungen ist Wenn umgekehrt der Therapeut im Verlaufe des Prozesses feststellen muß, daß die Einzelerfahrungen noch weitgehend beziehungslos nebeneinander stehen, so kann er auf folgende Weise versuchen, dem Abhilfe zu schaffen: Er fordert ein Familienmitglied auf, eine typische Situation zu nennen, in der ihm nicht gewährt wurde, was er sich wünschte. (Die Darstellung dieser Situation kann dabei verbal, mit Bildern, Gesten oder auf irgendeine andere Weise geschehen.) Anschließend wendet er sich an die übrigen Familienmitglieder und fragt sie, auf welche Weise die dargebotene Beschreibung oder Handlung mit *ihren* Wünschen zusammenhängt (ihre Entsubstantivierungen). In unserer Praxis hat dies stets dazu geführt, daß sich schließlich doch Gemeinsamkeiten zwischen den von den verschiedenen Familienmitgliedern gewünschten Erfahrungen herausgestellt haben.

Der Abklärungsprozeß der Wünsche aller Familienmitglieder sollte am Ende dazu führen, daß sowohl der Therapeut als auch die Familie verstehen lernen, welche wesentlichen Merkmale eine Erfahrung enthalten muß, damit sie von allen Beteiligten zu einem Bestandteil der Phase II unserer Familientherapie ausgebaut werden kann. Die zwischen den Erfahrungen bestehenden Gemeinsamkeiten, wie sie durch das Verbinden der Wörter mit den Erfahrungen (Entsubstantivierung) deutlich werden, implizieren bereits die Struktur für Phase II. Bevor jedoch Therapeut und

Familie die Einübung einer entsprechenden Erfahrung auf effektive Weise vorbereiten können, müssen weitere Informationslücken geschlossen werden. Ein Stadtplan von San Francisco kann für die Besichtigung dieser Stadt erst dann von Nutzen sein, wenn man überhaupt erst einmal den Weg dorthin gefunden hat, d. h., wenn man weiß, in welcher Position relativ zu San Francisco man sich gegenwärtig befindet. Die Hauptaufgabe des Therapeuten besteht darin, der Familie zu helfen, sich von ihrem gegenwärtigen Standort aus an die Stätte ihrer Wünsche zu begeben. Um dies leisten zu können, braucht er Daten über das gegenwärtig von der Familie nutzbare Reservoir an Möglichkeiten sowie die aktuell vorherrschenden Muster der Auseinandersetzung.

Bestimmung des aktuellen Zustands
(Was geschieht gegenwärtig?)

Indem der Therapeut auf vielfache Weise versucht, Sprache und Erfahrung in Einklang zu bringen und gleichzeitig die zum Verständnis des gewünschten Zustandes der Familie notwendigen Daten zu sammeln, beschäftigt er sich auch mit den prozeßhaften Aspekten der Kommunikation und mit der Beobachtung und Wahrnehmung der Interaktion zwischen den verschiedenen Familienmitgliedern. Während der *gewünschte* Zustand der Familie wesentlicher *Inhalt* von Phase I ist, wird der *Prozeß* hauptsächlich durch jene Kommunikationsmuster bestimmt, die der Familie in ihrem *gegenwärtigen* Zustand verfügbar sind. Die Gesamtheit der verbalen und non-verbalen Botschaften von Familienmitgliedern sowie die dadurch bei den übrigen Familienmitgliedern ausgelösten verbalen und non-verbalen Reaktionen bestimmen den Prozeß, in dessen Verlauf die gegenwärtige Situation der Familie verständlich werden kann.

Die Fülle des kommunikativen Geschehens innerhalb einer Familientherapiesitzung ist enorm – zur Bestimmung des gegenwärtigen Zustands des Familiensystems kommt der Therapeut tatsächlich mit einem kleinen Teil davon aus. Um dem Rechnung zu tragen, haben wir einige der unseres Erachtens besonders informativen und deutlichen Merkmale der Familieninteraktion herausgearbeitet. Durch Hervorhebung dieser Merkmale wollen wir die Therapeuten auf eine Möglichkeit hinweisen, ihre Erfahrungen in der Familientherapie so zu organisieren, daß:

a) sie nicht von der Komplexität der Situation überwältigt werden und daß:
b) sie die Prozesse entdecken, die es ihnen ermöglichen, den gegenwärtigen Zustand des Familiensystems genügend zu verstehen, um gemeinsam mit den Familienmitgliedern die Erfahrung in Phase II erarbeiten zu können.

Das familientherapeutische Modell, welches wir in dieser Phase anbieten, hat sich als effektiv und brauchbar erwiesen. Wie jedes Modell ist es weder erschöpfend noch erhebt es Anspruch auf Ausschließlichkeit.

Das erste der in dem Modell enthaltenen Grundmuster ist das der geeichten Kommunikationszyklen, die schon in der Familie existieren. In der Regel sind geeichte Abläufe, denen wir begegnen, schon so fest in dem Familienprozeß verankert, daß die Familienmitglieder sie als unveränderbaren Teil ihrer Erfahrung betrachten. Aus diesem Grund ist es besonders wichtig, daß es dem Therapeuten gelingt, den Familienmitgliedern das Vertrauen auf die Veränderbarkeit dieser Zyklen zu vermitteln. Bei der Herbeiführung der Veränderungen, nämlich der Überwindung der im System vorhandenen sowie der Vermeidung neuer geeichter Zyklen, können die Familienmitglieder mit effektiver Unterstützung durch den Therapeuten dann rechnen, wenn dieser die für die Zyklen des Leids und der Mißverständnisse verantwortlichen Prozesse durchschaut hat. Das typische Muster des Entstehungsprozesses geeichter Kommunikationsschleifen kann folgendermaßen dargestellt werden:

Inkongruenz → Entscheidung → Generalisierung → Schlußfolgerung (Teil-Äquivalenz → Gedankenlesen)

geeichte Kommunikation

Wir besprechen nacheinander jeden dieser Schritte. Normalerweise beginnt der Prozeß damit, daß jemand in der Familie inkongruent kommuniziert, zum Beispiel:

Mildred: ... ich wollte dir gerade heraushelfen ... (barsche Stimme, breitbeinig dastehend, den linken Arm ausgestreckt, mit gestrecktem Zeigefinger, gekrümmten und verspannten Schultern, flach atmend, die rechte Hand zu einer Faust geballt auf der rechten Hüfte, ...)

In diesem Beispiel passen die Botschaften, die über Körperhaltung und Bewegungen und den Klang der Stimme vermittelt werden, zusammen, aber sie stimmen nicht mit den Worten und der Syntax der verbalen Kommunikation überein – ein klassischer Fall von Inkongruenz. Der Empfänger einer solchen Mitteilung antwortet im allgemeinen, indem er sich entscheidet (Schritt 2 in dem Prozeß), ob er auf die verbale Mitteilung oder die analogen Botschaften reagieren will.

...
George: (atmet langsamer, streckt die Hände Mildred entgegen, die Handflächen nach oben, mit weinerlicher Stimme).
... Es tut mir leid, Mildred, ich verstehe nicht ...

Der Empfänger entscheidet sich also in diesem Beispiel dafür, auf den analogen Teil von Mildreds inkongruenter Kommunikation einzugehen. Damit gibt er dem visuellen Kanal eine höhere Priorität als dem auditiven. Als nächstes beginnt der Vorgang der Generalisierung; in dem vorliegenden Protokoll kündet dieser Schritt sich dadurch an, daß George feststellt, wie schlecht er sich fühlt. Dieses schlechte Gefühl ist nämlich assoziiert (bewußt oder unbewußt) mit einer Reihe von Erfahrungen aus der Vergangenheit, in denen es stets im Zusammenhang mit Mildreds Ärgerlichkeit auftrat.

...
Therapeut: ... George, was fühlen Sie gerade jetzt?
George: Nun, mein Magen verkrampft sich – ich fühle mich richtig schlecht. (wendet sich an Mildred) Mildred, Liebling, ich weiß, daß du böse bist und ...

Der nächste Schritt in der Entstehung einer geeichten Kommunikationsschleife ist die Teil-Äquivalenz. Die analogen Signale oder Botschaften, die George bemerkt, werden als äquivalent für die innere Verfassung von Mildred, die er »Ärger« nennt, akzeptiert. Der Prozeß wird vervollständigt, wenn George die Generalisierung der Teil-Äquivalenz selbst akzeptiert – das heißt, wann immer George die oben beschriebenen analogen Botschaften bei Mildred entdeckt, wird er »wissen«, daß sie ärgerlich ist. Je häufiger diese Schleife durchlaufen wurde, desto geringer wird die Zahl der analogen Signale, die George braucht, um diese Teil-Äquivalenz einzuleiten. Es sind uns Fälle von geeichter Kommunikation bekannt, in denen ein Achselzucken, ein Verändern der Atmung oder das Verlagern des Gewichts von einem Bein auf das andere bereits genügt, um einen Teil-Äquivalenz-Prozeß in Gang zu setzen, einschließlich Gedankenlesen und geeichter Schleife. In jedem dieser Fälle konnte der Gedankenleser nicht den beobachtbaren Teil der Teil-Äquivalenz wahrnehmen – das heißt, das Zeichen oder das Signal, auf dem seine Information beruhte, war völlig außerhalb des Bewußtseins. Ein anderer effektiver Weg, genügend Information für das Verständnis des gegenwärtigen Zustands des Familiensystems zu sammeln, besteht darin, die Substantivierungen, mit denen die Familienmitglieder ihren gewünschten Zustand beschreiben, als Richtlinien zu verwenden. Wenn ein Familienmitglied sich der Substantivierung bewußt wird, mit der es seine Wünsche zum Ausdruck bringt, dann kann seine Unzufriedenheit mit der Art und Weise, wie seine Familie auf diese Wünsche eingeht, nicht verborgen bleiben. Durch systematische Entsubstantivierung und Einbeziehung aktuellen, beobachtbaren Verhaltens in die Teil-Äquivalenz kann der Therapeut die Familienmitglieder dazu bringen, das auszudrücken (verbal oder durch Ausagieren), was sie momentan innerhalb ihrer Familie daran hindert, das Gewünschte zu bekommen. Unserer Erfahrung nach kommt bei solcher Gelegenheit fast immer ein Fall geeichter Kommunikation zum Vorschein und damit ein Kristallisationskern von Leid und Unzufriedenheit im Familiensystem.

Die beiden Strategien, die wir gerade dargestellt haben, um die für das Verständnis des gegenwärtigen Zustands des Familiensystems notwendigen Informationen zu sammeln, führen meistens auf irgendwelche Muster geeichter Kommunikation. Im Laufe unserer Arbeit haben wir herausgefunden, daß allein die Identifikation der Bahnen, in denen geeichte Kommunikation zwischen den Familienmitgliedern verläuft – den Stellen also in den Kommunikationsmustern der Familie, an denen Rückmeldung teilweise oder ganz entfällt –, dem Therapeuten so viel Information bietet, daß ihm eine Analyse des gegenwärtigen Zustands der Familie möglich ist. Die Gesamtheit der geeichten Schleifen in einem Familiensystem ist nichts anderes als die Summe der in dem System gültigen Regeln, die der Therapeut kennen muß, um zu verstehen, warum die Familie an Auseinandersetzungen scheitert. Regeln oder geeichte Kommunikationsschleifen werden in der Kybernetik als *homöostatische Mechanismen* bezeichnet. Homöostatische Mechanismen sind die Ursache dafür, daß ein System, ob es sich dabei um einen einfachen Vorgang wie zum Beispiel den der Temperaturregelung oder um ein komplexes Gebilde wie das einer Familie handelt, bestimmte Muster des Funktionierens und Verhaltens beibehält. Um ein System zu verändern, ist es notwendig, die homöostatischen Prozesse zu verändern; das heißt, sobald der Therapeut in einer Familientherapiesitzung die geeichten Kommunikationsschleifen oder -regeln erkannt hat, besitzt er genügend Information über den gegenwärtigen Zustand des Systems und kann gemeinsam mit den Familienmitgliedern die Arbeit an jenem Erfahrungsprozeß beginnen, der nach dem Willen aller als stellvertretend für den gewünschten Zustand betrachtet werden soll.

Zusammenfassung

Die Phase I der Familientherapie, die Datenerfassung, zerfällt in drei Teilaufgaben. Diese sind:

1. Den Familienmitgliedern zu einer gemeinsamen Erfahrung verhelfen, die sich als Modell für ihr zukünftiges Verhalten eignet;
2. Bestimmung des gewünschten Zustands für das Familiensystem;
3. Bestimmung des gegenwärtigen Zustands des Familiensystems.

Die erfolgreiche Bewältigung der ersten Aufgabe wird wesentlich erleichtert, wenn der Therapeut darauf achtet, daß die Familienmitglieder zuversichtlich sind und ihm vertrauen; daß alle Beteiligten in die Besprechung der gesammelten Informationen einbezogen werden; daß jeder erkennt, durch welchen Prozeß die gegenwärtige Situation entstanden ist, und daß die bevorstehenden Veränderungen lediglich als logische Folgerung innerhalb eines Lernprozesses zur Rückgewinnung der Kontrolle anzusehen sind. Bei der zweiten Aufgabe kommt es wesentlich darauf an, die von den einzelnen gebrauchten Worte mit deren jeweils spezifischen Erfahrungen in Verbindung zu bringen (Entsubstantivierung), die sich hinter den in die Therapie eingebrachten Bedürfnissen und Hoffnungen verbergen. Die dritte Aufgabe kann als abgeschlossen betrachtet werden, wenn der Therapeut erkannt hat, durch welche Zyklen geeichter Kommunikation die Familie daran gehindert wird, sich ihre Wünsche zu erfüllen. Eine klare Linie kann in die Therapie erst nach einer gründlichen Analyse sowohl des zukünftigen als auch des gegenwärtigen Zustands des Familiensystems gebracht werden. Ist dies geschehen und zeigen die Familienmitglieder außerdem die Bereitschaft, erforderliche Risiken einzugehen, so kann die erste Phase abgeschlossen und mit der Suche nach einer modellhaft verwendbaren Erfahrung begonnen werden.

Das Modell des während der Phase I ablaufenden therapeutischen Prozesses stellt einerseits eine Idealisierung unserer Erfahrung dar, andererseits enthält es aber jene Muster, die unserer Meinung nach für keine erfolgreiche Therapie entbehrlich sind. Seine praktische Bedeutung für therapeutische Effektivität entspringt nicht zuletzt der Möglichkeit, mit seiner Hilfe Erfahrungen zu organisieren. Der Nutzen des Modells für Sie kann sich nur dadurch erweisen, daß Sie versuchen, damit zu arbeiten. Wenn Sie sich darauf einlassen, werden Sie schnell herausfinden, welche Modifikationen erforderlich sind, damit das Modell möglichst genau Ihrem persönlichen Stil entspricht.

II. Systemumwandlung

Wenn der Therapeut erst einmal genügend Daten erhoben hat, um zumindest bis zu einem gewissen Grad den gegenwärtigen Zustand des Familiensystems und den von der Familie gewünschten Zustand verstehen zu können, wenn er außerdem beurteilen kann, wie groß die Kluft ist zwischen dem gegenwärtigen Zustand des Systems und den von den Familienmitgliedern gewünschten Erfahrungen, dann kann er sich den mit der Veränderung zusammenhängenden Erfahrungen zuwenden – er kann die für eine Umwandlung des Systems notwendigen Schritte einleiten. Durch die Vermittlung einer Fülle von Dingen, auf die geachtet werden muß, droht die familientherapeutische Ausbildung unübersichtlich zu werden. Aus diesem Grund will unser Buch dabei behilflich sein, jeweils zu erkennen, worauf Sie Ihre Aufmerksamkeit konzentrieren sollen und welche Dinge zugunsten einer klaren Linie in den Hintergrund treten dürfen. Allzu häufig gehen Familientherapeuten in kräfteraubender Weise auf die feinsten Einzelheiten der *inhaltlichen* Probleme von Familienmitgliedern ein. Die Familienmitglieder aber sind geeicht auf ein Problem – sie arbeiten mit Erwartungen und geeichten Schleifen –, und auch wenn es drei, vier, fünf oder mehr gibt, bleibt das Problem ungelöst. Woher nimmt nun der Therapeut seine Zuversicht, er könne eine Lösung finden? Der Vorteil des Therapeuten besteht zunächst schon darin, daß er um seine eigenen geeichten Schleifen weiß; deshalb konzentriert er sich nicht auf die Probleme und den Inhalt, sondern auf das *Prozeßhafte* der Auseinandersetzung und der Kommunikation. Dies gibt ihm die Möglichkeit, nützliche Information unter dem Gesichtspunkt ihrer Bedeutung für den Prozeß auszuwählen, anstatt von Einzelheiten überwältigt zu werden. Eine Umwandlung des Systems wird Veränderungen mehr hinsichtlich der Art, wie man miteinander zu Rande kommt, und weniger bezüglich des Inhalts nach sich ziehen. Das Ziel der Familientherapie ist die Veränderung des kommunikativen Systems, also der Art, wie Botschaften gesendet und empfangen werden, und nicht die Lösung der Probleme, deren Zahl viel zu groß ist. Jeden Tag müssen die Menschen lernen, sich auseinanderzusetzen – sie brauchen neue Methoden, die ihnen auf der Prozeßebene weiterhelfen. Deshalb erhebt der Therapeut Daten: Hoffnungen (Substantivierungen), die die Familienmitglieder haben, wie zum Beispiel mehr Liebe, Zuneigung, Ruhe, Freiheit, Vertrauen, Respekt, Verantwortlichkeit etc. Der Therapeut muß herausfinden, welche Eingabe- bzw. Ausgabekanäle für die Familienmitglieder wichtig sind, um beurteilen zu können, wann es gegebenenfalls zur Erfüllung ihrer Wünsche kommt. Der Vergleich von implizit vorhandenen Wünschen mit dem, was die Familie gegenwärtig an Wünschen zum Ausdruck bringen kann (sie ist darin stark behindert aufgrund fest verankerter Formen von Eichung für das Ausdrücken von Wünschen), ist für den Therapeuten sehr aufschlußreich. Ein solcher Vergleich kann etwa auf folgende Weise angestellt werden: Der Therapeut wählt einen Bereich an Hoffnungen der Familie aus (Substantivierungen) – einen gewünschten Zustand – und erarbeitet dann gemeinsam mit der Familie innerhalb dieses Bereiches an Hoffnungen (Substantivierungen) eine Erfahrung, indem er alle hier beschriebenen Techniken zum Einsatz bringt. Das Ergebnis ist nicht einfach eine zusätzliche Erfahrung, sondern etwas Grundlegendes. Damit die Familienmitglieder von ihrem gegenwärtigen Zustand zu einer einzelnen Erfahrung im Rahmen des gewünschten Zustands kommen können, müssen sie zunächst etwas über Veränderung lernen. Sie werden ein paar geeichte Schleifen unterbrechen und einige neue Kanäle eröffnen müssen; sie werden herausfinden, daß sie all dies zuwege bringen, indem sie vom Therapeuten als Modell lernen.

Zum Beispiel will der Ehemann (Fred) mehr Aufmerksamkeit von seiner Frau (Mary). Mary wünscht sich mehr Respekt von Fred und ihrer Tochter. Tochter Judy will Freiheit und Verständnis von ihren Eltern dafür, daß sie schon beinahe erwachsen ist. Diese Ausgangsinformation wird ergänzt im Rahmen einer linguistischen Entsubstantivierung, sobald der Therapeut in Erfahrung bringt, was nach Freds Meinung Mary tun müßte (verbal oder non-verbal), damit er wissen könnte, daß ihm ihre Aufmerksamkeit zuteil wird. Der Therapeut braucht dieselbe Information für jedes einzelne Familienmitglied. Als nächstes wird der Therapeut beurteilen müssen, was genau jedes Familienmitglied daran hindert, seine eigenen Wünsche wahrzunehmen, oder was andere Familienmitglieder davon abhält, ihm seine Wünsche zu erfüllen. Dies ist eine weitere wichtige Information. Zum Beispiel könnte Fred sagen: »Ich weiß, daß mir meine Frau Aufmerksamkeit schenkt, wenn sie zärtlich ist und mich *berührt.*« Das bedeutet, daß alle Aufmerksamkeit von Mary gegenüber Fred, die nicht kinästhetisch ist (berühren), außerhalb von Freds Wahrnehmung liegt. Gegenwärtig kann er Aufmerksamkeit nur über die Haut und nicht über die Augen wahrnehmen und erfahren. Deshalb reagiert er nicht, wenn Mary ihm Aufmerksamkeit schenkt, ihn aber nicht berührt. Für Mary läuft das Ganze darauf hinaus, daß Fred sie nicht respektiert.

Die Gegenüberstellung der verschiedenen Standpunkte kann dazu dienen, den Prozeß der Auseinandersetzung bezüglich der Wünsche der Familienmitglieder zu verstehen und zu erkennen, daß ein Streit darüber sinnlos ist. Der gewünschte Zustand liegt nämlich außerhalb der Grenzen eines Systems, das diesbezüglich abgeschlossen ist. Die Aufgabe des Therapeuten besteht u. a. darin, den Familienmitgliedern die Erfahrung zu vermitteln, daß ihre

Wünsche durchaus erfüllbar sind. Ihm stehen zu diesem Zweck drei Interventionsstrategien zur Verfügung.

a) Aufhebung festgefahrener Generalisierungen aus der Vergangenheit (geeichte Kommunikationszyklen);
b) Eröffnung neuer Perspektiven der Prozeßbeurteilung (man erreicht eine Metaposition gegenüber dem Prozeß innerhalb des Systems);
c) Systemumwandlung durch neue Eichung.

Obwohl bestimmte Techniken in sämtlichen Interventionsstrategien eine Rolle spielen, sollte nicht auf eine separate Aneignung aller drei Strategien verzichtet werden, um die Aussichten des einzelnen, zu einer Erfüllung seiner Wünsche zu gelangen, optimal werden zu lassen. Systemumwandlung heißt in diesem Sinn nichts anderes als Einbeziehung der für die Herbeiführung eines gewünschten Zustandes erforderlichen Techniken in das System, am besten durch praktische Demonstration. Die Familie lernt auf diese Weise, Zyklen geeichter Kommunikation aufzubrechen, den Prozeßablauf genau zu beobachten und schließlich auf eine für alle Beteiligten zufriedenstellende Weise zu kommunizieren. Die Führung der Familie durch diesen Lernprozeß verleiht der therapeutischen Aufgabe an dieser Stelle einen stark pädagogischen Akzent.

Interventionstechniken zur Aufhebung festgefahrener Generalisierungen aus der Vergangenheit (Verwerfung geeichter Kommunikationszyklen)

Damit ein Therapeut behilflich sein kann bei der Erarbeitung einer für den gewünschten Zustand beispielhaften, jedoch außerhalb der gegenwärtigen Möglichkeiten des Familiensystems liegenden Erfahrung, ist es sicher erforderlich, geeichte Schleifen aufzubrechen. Die Familienmitglieder werden lernen müssen, anders zu *sehen,* zu *hören* und zu *fühlen,* um in der Lage zu sein, auf eine andere Art zu *reagieren.* Die erforderlichen Umwandlungen müssen bei dem Therapeuten anfangen. Von ihm müssen während des fortschreitenden Prozesses die richtigen Interventionen ausgehen. Es ist seine Aufgabe, zu demonstrieren, wie man angemessen reagieren kann und wie Reaktionen anderer zu verstehen sind. Interventionen zum Aufbrechen geeichter Schleifen können an einem der fünf Übergangspunkte eingesetzt werden, an denen diese ihren Ausgang nahmen:

1. Person A kommuniziert inkongruent;
2. Person B entscheidet, auf welche Botschaft sie antworten will;
3. Person B generalisiert ihre Gefühle und ihre Entscheidung für eine der Botschaften;
4. Person B baut feststehende Generalisierungen auf (Teil-Äquivalenz);
5. Person B liest Gedanken von Person A (geeichter Vorgang).

Der Therapeut kann an einem oder mehreren dieser Punkte ansetzen. Eine vollständige Intervention macht erforderlich, daß er den Prozeß immer wieder stoppt, bis die Eichung aufgebrochen ist und die Familienmitglieder lernen, mit Hilfe von *Rückmeldungen* anstatt mit geeichten Zyklen zu kommunizieren. Der spezielle Inhalt der gebrochenen Eichung ist nur so weit wichtig, wie das zu erreichende Ziel davon tangiert wird, nämlich eine den gewünschten Zustand repräsentierende Erfahrung zu schaffen. Der Wert einer Intervention läßt sich daran ablesen, in welchem Maße sie den Familienmitgliedern vermittelt, daß sie über Rückmeldung ihrem Ziel näherkommen als mit geeichter Kommunikation und daß sie viel mehr über die anderen Familienmitglieder erfahren können, wenn sie Rückmeldungen dazu benutzen, eigene geeichte Schleifen aufzubrechen.

Unterbrechung von geeichten Kommunikationsschleifen an den Übergangspunkten zur Inkongruenz

Fred sagt zu seiner Frau Mary: »Ich wünsche mir, daß du liebevoller zu mir bist.« Der Klang seiner Stimme ist barsch und fordernd, die Augenbrauen hat er hochgezogen, den Kopf bewegt er auf und nieder, und schließlich seufzt er sogar, so als ob er ein Kind zum hundertsten Mal dafür tadeln müßte, daß es seine Aufgaben nicht gemacht hat. Mary verspannt sich und bewegt sich langsam in ihrem Stuhl nach hinten. (Der Therapeut kennt dieses Verhaltensmuster aus früheren Gesprächen.) Sie wird, wenn der Therapeut nichts dagegen tut, erneut ihren Anteil zu den geeichten Schleifen beisteuern, sie wird auf den Klang der Stimme von Fred und seine Körpergesten mit Gedankenlesen reagieren, speziell wird sie davon überzeugt sein, daß er versucht, »sie auf ihren Platz zu verweisen«. An dieser Stelle, dem Übergangspunkt zur Inkongruenz von Fred, interveniert der Therapeut. Da beide, Fred und

Mary, auf den genannten Inhalt geeicht sind, wird die Aufgabe sein, die daraus resultierende geeichte Schleife zu durchbrechen. Dies geschieht in zwei Schritten: zunächst einmal ist es erforderlich, Fred beizubringen, daß sein Aussehen und seine Art zu sprechen nicht mit seiner *Absicht* und seinen Worten übereinstimmt – daß seine Äußerungen nicht seinem inneren Befinden entsprechen –, als nächstes wird versucht, Fred beizubringen, beide Botschaften kongruent zu kommunizieren, jede zu seiner Zeit, anstatt beide Botschaften gleichzeitig und inkongruent. Auf diese Weise lernt Fred eine neue Art zu kommunizieren, und gleichzeitig erlebt Mary eine Kommunikation, die nicht aus zwei widersprüchlichen Botschaften besteht, von denen sie eine auswählen muß.

Therapeut: Ich habe Sie mit Worten sagen hören, daß Sie sich Mary liebevoller wünschen. Ich habe aber auch auf Ihren Stimmfall geachtet und Ihre Bewegungen und Gesten gesehen und hatte nicht den Eindruck, als wollten Sie damit Ihre Zuneigung ausdrücken, während Sie mit ihr sprachen. (Der Therapeut demonstriert die Kommunikation von Fred, indem er die analogen Klänge und Gesten übertreibt.) Könnten Sie mit Worten ausdrücken, was Sie fühlten, als Sie dies getan haben?

Fred: (seufzt, als er die analoge Kommunikation erkennt) Ja, nun, ich dachte, ich hatte es schon geschafft, und nun, ich frage und sie zieht sich irgendwie von mir zurück.

Therapeut: Deshalb fühlen Sie sich irgendwie hilflos, aber gleichzeitig wünschen Sie sich mehr an liebevollen Aktivitäten von Mary?

Fred: Ja, ich glaube, ich fühle mich wirklich irgendwie hilflos (spricht und schaut hilflos).

Der Therapeut kann an diesem Punkt die Lernerfahrung für die Familie noch intensiver gestalten, wenn er Fred mit zwei Varianten derselben Kommunikation konfrontiert. Zum Beispiel:

Therapeut: Fred, ich verstehe jetzt, daß Sie sich irgendwie hilflos fühlen, wenn Sie versuchen, Ihre Sehnsucht nach Intimität mit Mary mitzuteilen, und ich würde Ihnen gerne helfen. Sooft Sie Mary um Kontakt baten, sie ersuchten, liebevoller zu Ihnen zu sein, wurden Sie, wie Sie sagten, von ihr eher noch weiter zurückgestoßen. Stimmt das?

Fred: Ja.

Therapeut: Nun, Fred, ich werde jetzt Ihre Rolle übernehmen und Sie die von Mary. Ich werde Sie zweimal zum intimen Beisammensein auffordern, einmal so, wie ich es von *Ihnen* erlebt habe, und einmal auf andere Weise. Würden Sie sich einfach hinsetzen, beobachten und zuhören und sehen, ob Sie Marys Rückzug verstehen können?

Fred: Sicher.

Der Therapeut konfrontiert Fred anschließend mit zwei Kommunikationsmodellen oder -beispielen, einer inkongruenten Kommunikation und einer kongruenten mit passender Stimme, Gesten und Worten. Daraufhin fordert der Therapeut Fred auf, es einmal auf diese neue Art und Weise zu versuchen. Als er dies tut, reagiert Mary anders als bisher: sie nimmt ihn bei der Hand.

Das Wesentliche an dieser Interventionsweise ist, daß die Betreffenden, obwohl sie sich ihrer Inkongruenz nicht bewußt sind, eine Gelegenheit erhalten, Erfahrungen zu machen, die sich unabhängig von dem spezifischen Inhalt in vielen anderen Bereichen anwenden lassen. Derjenige, der von seiner Inkongruenz lernt, aber auch diejenigen, die in diesem Prozeß Beobachter und Zuhörer sind, entdecken, daß mehr passiert, als sie je vermutet hätten. Dies führt uns zu dem zweiten Übergangspunkt, an dem ein Therapeut intervenieren kann, um geeichte Schleifen zu unterbrechen.

Unterbrechung von geeichten Kommunikationsschleifen am Übergangspunkt der Entscheidung

Als Fred zu Beginn seine erste inkongruente Mitteilung machte, reagierte Mary mit Verspannung – sie war geeicht (sie verhielt sich gemäß einer fixierten Generalisierung aus der Vergangenheit), nur auf seine analoge Kommunikation zu reagieren. Als sie den Prozeß beobachtete, in dem der Therapeut Fred die Unterschiede zwischen seiner *beabsichtigten* Botschaft und dem *nach außen sichtbaren Ergebnis* aufzeigte, wurde sie sich der Eichung bewußt, die sie die anderen Botschaften von Fred ignorieren ließ. Sie akzeptierte nicht seine Worte, nur den Klang seiner Stimme und seine Gesten. Kurz, sie entschied, daß die analoge Botschaft die *wirkliche* Mitteilung war, und reagierte nur auf diese. Der Therapeut hätte auch zunächst an diesem Übergangspunkt intervenieren können, zum Beispiel so:

Therapeut: Mary, als ich hörte, wie Fred Sie bat, liebevoller zu sein, sah ich Sie zurückzucken, deshalb möchte ich gerne wissen, was Sie gesehen, gehört und gefühlt haben, während er zu Ihnen sprach.

Mary: Ach, er hat mich gerade wieder kritisiert. Ich bin ihm einfach nie sinnlich genug.

Therapeut: Ich habe gehört, daß er um etwas für sich selbst gebeten hat. Ich möchte gerne wissen, ob Sie sagen können, was bei Ihnen dieses Gefühl ausgelöst hat, von ihm kritisiert zu werden. War es der Klang seiner Stimme oder die Art, wie er schaute? Haben Sie nicht geglaubt, daß seine Bitte ernstgemeint war?

Mary: Es war, wie wenn er mich anschreien würde, weil ich etwas falsch gemacht habe. Hhm ... vermutlich nehme ich ihm nicht ab, daß er um etwas *bittet,* sondern daß er mir etwas *sagt.*

Therapeut: Würden Sie das gerne überprüfen? Ich glaube nämlich, daß es Fred zu diesem Zeitpunkt schwerfällt, direkt um etwas für sich selbst zu bitten, vielleicht weil er meint, daß er es sowieso nicht bekommt, und deshalb fragt er auf so ungeschickte Art. Es könnte vielleicht sogar sein, daß Sie ihn ebensowenig verstehen, wie er die Frage zu stellen weiß. Ich meine, daß Sie beide auf diesem Gebiet lernen können, wenn Sie wollen. Ich würde dies gerne mit ihm klären und einen Weg durch diese Blockade finden.

Von nun an kann der Therapeut Mary beibringen, daß beide Botschaften, die sie erhalten hat, gültig sind, sie aber nur auf die eine von beiden reagiert hat – auf für sie unverständliche Signale aus Gestik und Tonfall. Durch Fragen kann sie eine hilfreiche Rückmeldung erhalten; behält sie jedoch die geeichte Kommunikation bei, so wird sie sich nur schlecht fühlen. Gleichzeitig erfährt Fred, daß seine Mitteilung ungeschickt war und daß Marys Reaktion sich auf seine *non-verbale* Botschaft bezog. Außerdem hat er ihre Reaktion aufgrund *ihrer* non-verbalen Mitteilung falsch interpretiert.

Unterbrechung von geeichten Kommunikationsschleifen an dem Übergangspunkt zur Generalisierung

Der Therapeut kann sich auch entschließen, die Eichung an dem Übergangspunkt zur *Generalisierung* zu unterbrechen. Als Mary die inkongruente Kommunikation von Fred hörte, traf sie die Entscheidung, nur auf den non-verbalen Teil der Mitteilung zu achten. Genauso wie Fred nicht verstanden hat, daß das, was er äußerte, nicht seiner Absicht entsprach, so hat auch Mary nicht verstanden, daß ihre Reaktion nicht zu Freds Absicht paßte. Seine Gesten und der Klang seiner Stimme waren für Mary nicht kongruent mit dem Vorgang des *Fragens* – sie waren vielmehr kongruent mit ihrer Erfahrung von *Fordern*. Sie hatte das Gefühl, daß er sie kritisierte, wegen eines bestimmten Gefühls, das er ihr unterstellte, ein Gefühl, das sie immer bei Kritik erlebte, und daß er etwas forderte. Das war ihre Generalisierung.

Wir wollen den Prozeß der Generalisierung genauer untersuchen:

1. Fred ist in seiner Kommunikation inkongruent, er übermittelt Mary Botschaften, die nicht zusammenpassen. Im einzelnen beabsichtigt er bewußt, sie um mehr Liebe zu bitten, und seine Worte passen zu seiner bewußten Absicht; er fühlt sich auch hilflos, und dieses Gefühl (weit außerhalb seines Bewußtseins) spiegelt sich wider in seinem Tonfall, der Körperhaltung und den Gesten ...
2. Mary muß jetzt reagieren: Sie sieht Freds Körperhaltung, die Gesten und hört den Klang seiner Stimme, und sie reagiert auf diese Botschaften statt auf seine Worte.
3. In ihrer alten Erfahrung mit Fred (und anderen) sind der Tonfall, den sie gerade hört, und die Körperhaltung und die Gesten mit Forderungen, die an sie gerichtet wurden, verknüpft.
4. Marys Entscheidung in dem obengenannten Schritt (2) und ihre alte Erfahrung mit dem Teil von Freds Kommunikation, den sie wahrnimmt und worauf sie reagiert, führen sie zu der Generalisierung, daß Fred etwas von ihr fordert.
5. In der Vergangenheit waren diese Forderungen mit Gefühlen der Hilflosigkeit und des Ärgers über die Unfairneß, etwas auferlegt zu bekommen, verbunden. Ihre Reaktion gegenüber Fred beruht so mehr auf diesen alten Gefühlen der Verärgerung und Hilflosigkeit als auf dem Erleben der gegenwärtigen Situation.

Der Therapeut muß sich bewußt sein darüber, daß eine oberflächliche Kommunikation häufig tiefere Botschaften enthält, die, wenn man sie aufdeckt, bei der Rückmeldung hilfreich sein können. Dieser Prozeß der Generalisierung weist auf einen anderen Übergangspunkt hin, an dem die Eichung gebrochen werden kann.

Zum Beispiel:

Therapeut: Mary, als Fred Ihnen gerade eine Frage gestellt hat, habe ich mich gefragt, wie das bei Ihnen angekommen ist. Wie haben Sie sich gefühlt, als Fred Sie gerade darum bat, liebevoll zu sein?

Mary: Nun, ich hatte das Gefühl, er schimpft mit mir und sagt mir, was ich tun soll.

Therapeut: Können Sie sagen, warum Sie sich so gefühlt haben?

Mary: Nun ja, er schaute verdrießlich drein und hörte sich verärgert an.

Therapeut: Welche Gefühle rief dies bei Ihnen hervor?

Mary: Ich fühlte mich in die Defensive gedrängt, in Not geraten.

Therapeut: Mary, wenn Sie Fred so verdrießlich dreinschauen sehen und so wütend reden hören, wie Sie es gerade beschrieben haben, bedeutet das, daß er Sie kritisiert und Sie in die Defensive treibt?

Mary: Natürlich, und das macht er oft.

Therapeut: Ach, so ist das. Mary, hatten Sie jemals das Gefühl, daß Sie sich selbst zuwider sind oder daß Sie wütend auf sich sind und daß deshalb, wenn Sie mit jemandem gesprochen haben, es nicht ganz so herauskam, wie Sie meinten?

Mary: Ja, gut; aber das ist anders ... er macht das oft.

Therapeut: Sind Sie ganz sicher? Ist es nicht möglich, daß dieser große starke Mann hier sich vielleicht innerlich gar nicht so stark fühlt, und wenn er mit Ihnen über irgend etwas ihm Wichtiges spricht, dann kommt es vielleicht deshalb nicht ganz richtig heraus? Ist das eine Möglichkeit?

Mary: Ja, vermutlich.

Therapeut: Würden Sie es gerne herausfinden? Ich habe die Idee, daß, immer wenn Fred sich klein fühlt und so schaut und mit dem gleichen Tonfall spricht wie gerade eben, Sie nur einen Blick auf ihn werfen und weggehen: »Oh, mein Gott; was habe ich jetzt wieder angerichtet?«

Die Unterbrechung von geeichter Kommunikation an dem Übergangspunkt zur Generalisierung macht erforderlich, daß der Therapeut Zugang zu einem Erlebnis des Familiensystems hat, das der Generalisierung widerspricht. Oder der Therapeut *gestaltet* ein solches Erlebnis, indem er die Generalisierung mit den anderen

Familienmitgliedern überprüft. Generalisierungen können auch linguistisch durch *Übertreibung* unterbrochen werden. Zum Beispiel könnte der Therapeut sagen:

Therapeut: Mary, wenn Sie dies glauben, dann sind Sie beide in einer echten Abhängigkeit. Sind Sie wirklich der Meinung, daß es nur zwei Möglichkeiten gibt, daß Fred entweder ein ewiges Lächeln für Sie bereit hat und seine Stimme sich vor Glück überschlägt oder daß er damit beschäftigt ist, Sie zu kritisieren und Forderungen an Sie zu stellen? Ein solcher Zustand muß ja für Sie wie eine schreckliche Last erscheinen.

Unterbrechung von geeichten Kommunikationsschleifen an dem Übergangspunkt zu fixierten Generalisierungen aus der Vergangenheit (Teil-Äquivalenz)

Fixierte Generalisierungen aus der Vergangenheit kennzeichnen den nächsten Übergangspunkt in geeichten Schleifen und sind eine weitere kritische Stelle, an der der Therapeut intervenieren kann. Man kann Mary dabei helfen, sich ihr Verhalten in Form eines in vielen seiner Schritte unbewußt ablaufenden Programms vorzustellen. Dies könnte etwa folgendermaßen aussehen.

Wenn Mary denkt, daß jemand auf sie böse ist, dann fühlt sie sich irgendwie schlecht. Wenn nun Fred mit ihr spricht, ohne auf sie böse zu sein, sie sich aber aus irgendwelchen Gründen schlecht fühlt, dann setzt ihre fixierte Generalisierung ein: »Wenn ich mich schlecht fühle, dann muß Fred böse mit mir sein.«

Mary hat sich angewöhnt, die Welt auf eine bestimmte Art und Weise zu erleben, und sie hat gelernt, ihr Verhalten einseitig von ganz bestimmten Schlüsselreizen außerhalb ihrer selbst abhängig zu machen, während sie gleichzeitig alle anderen Botschaften ignoriert. Mit dieser Vorgehensweise verbaut sie sich viele Möglichkeiten, Erfahrungen zu sammeln. Kann der Therapeut Mary dazu bringen, die anderen, gegenwärtig unbeachteten Signale zu akzeptieren und danach zu handeln, so ist ein wesentlicher Schritt zur Durchbrechung der fixierten Generalisierung getan, die sie bislang so stark eingeengt hat. Mit anderen Worten: Wenn sich Fred ärgerlich und fordernd verhält, dann vermittelt er sehr viele Botschaften. Wenn er jedoch inkongruent kommuniziert, dann aktiviert er nur einen *kleinen Teil* dieser Botschaften. Mary ist durch fixierte Generalisierung darauf geeicht, *jede* analoge Kommunikation in der Bedeutung von ›er *ist* ärgerlich‹ zu interpretieren. Durch ihre Eichung reagiert sie deshalb nur auf einen Teil von Freds Gesamtbotschaft. Der Therapeut hat hier die Möglichkeit, die Teil-Äquivalenz explizit zu machen – sie zu etikettieren – und dann zu demonstrieren, daß sie nicht notwendig ist und tatsächlich den Kommunikationsprozeß verzerrt.

Mary: Ja, ich weiß, was er damit sagen will: daß ich nicht gut genug bin und er es satt hat, und daß ich nicht genug gebe.

Therapeut: Das konnte ich nicht heraushören. Was bringt Sie dazu zu glauben, er halte Sie nicht für gut genug und habe es satt?

Mary: Ach, sehen Sie ihn sich nur an!

Therapeut: Was in seiner Art zu schauen bringt Sie dazu zu denken, er habe genug von Ihnen und Sie seien nicht gut genug?

Mary: Er schaut *immer* so, wenn er es leid ist, daß ich immer wieder denselben Fehler mache, nicht nur wenn es um mein Scheckbuch geht.

Therapeut: Also, wenn Fred dieses besondere Gesicht macht, dann will er, welche Worte er auch wählt, damit sagen, daß er es leid ist, daß Sie immer einen Fehler machen?

Mary: Na ja, mhm, das klingt irgendwie ...

Therapeut: Was ist, wenn er dieses Gesicht macht und Ihnen sagt, daß er ins Badezimmer gehen muß, ist das dann auch Ihr Fehler?

Mary: Nein, dann nicht.

Therapeut: Dann hat sein Gesichtsausdruck wohl *nicht* immer die gleiche Bedeutung?

Mary: Nein.

Therapeut: Ist es möglich, daß Fred irgend etwas anderes meinen könnte, und vielleicht benutzen Sie sein Gesicht als Möglichkeit, um hart gegen sich selbst sein zu können? Ist das vielleicht eine Erklärungsmöglichkeit? (Sie nickt »Ja«.) Lassen Sie es uns herausfinden, ja?

Hier hat der Therapeut die Gelegenheit, eine Umdeutung vorzunehmen und damit neue Möglichkeiten zu eröffnen, auf eine vertraute Verhaltensweise zu reagieren.

Die Unterbrechung von geeichten Schleifen in dieser Form

macht nicht nur deutlich, daß es keinen allwissenden Gedankenleser gibt; auch der perfekte Logiker scheint nicht zu existieren. Es ist von größter Wichtigkeit, daß der Therapeut ein Modell anbietet, das die Familienmitglieder verwenden können, wenn sie sich mißverstanden haben – oder dies zumindest vermuten. Sie lernen, daß Rückmeldung in zwei Richtungen funktioniert, daß das Aufdecken des hinter einer Reaktion liegenden Prozesses ebensogut ein Weg zum Verständnis sein kann wie der Vorgang des Verstehens selbst. Der Erfolg des Therapeuten im Unterbrechen von geeichten Schleifen wird später für die Familienmitglieder als Modell dienen, und diese Erfahrung wird wiederum Antrieb zur weiteren Veränderung sein, besonders wenn sie schonend, adäquat und ohne Beschuldigungen erlebt wurde.

Wenn eine Eichung einmal fest genug in den Interaktionsmustern einer Familie etabliert ist, können die Reaktionen so programmiert sein, daß auf die Handlung X einer Person die andere automatisch mit Y antwortet. Ein Beispiel ist der Dialog, der stattfindet, wenn ein Familienmitglied zu sprechen beginnt und das andere Mitglied sagt: »Ich weiß, was du denkst; du brauchst es mir nicht zu sagen« (dies ist ein typischer Fall von Gedankenlesen). An dieser Stelle hat der Therapeut die Möglichkeit, das Gedankenlesen abzuschneiden und damit die Eichung aufzuheben. Dies kann erforderlich machen, das Muster so oft zu unterbrechen, bis die Unterbrechung selbst zu einem festen Bestandteil des Prozesses wird, so daß die Intervention zur Aufbrechung der Eichung vorgenommen werden kann. Zum Beispiel jedesmal, wenn Amy zu sprechen beginnt, fängt Bill, ihr Ehemann, an, den Kopf zu schütteln, noch bevor sie mehr als ein halbes Wort geäußert hat. Amy wird sofort zornig, und Bill stellt fest, er habe ja gewußt, was passieren würde. An diesem Punkt versucht Amy zu antworten, aber als sie gerade sagen will, daß es sie verrückt mache, fängt Bill wieder an, den Kopf zu schütteln. Bei der Aufbrechung dieses Musters muß der Therapeut viel Geduld aufwenden, um die Aufmerksamkeit der Familienmitglieder zu gewinnen. Wenn der Therapeut die Kritik von Amy übernehmen würde, dann würde dies lediglich dazu dienen, dasselbe System, wie Bill es mit Amy hat, auch *mit dem Therapeuten* aufzubauen. In einer solchen Situation ist durch eine Kombination von Humor und Musteraufbrechung sehr viel zu erreichen. Auf diesem Wege gelingt es schließlich dem Therapeuten sogar, den Prozeß zu stoppen.

Therapeut: Bill, Sie sagten früher, daß Sie gerne mehr Ruhe und Frieden hätten und sich von Amy wünschen, daß sie weniger an Ihnen herumnörgelt. Stimmt das?

Bill: Ja, das habe ich gesagt.

Therapeut: Ich glaube, ich kann Ihnen helfen, das zu erreichen, wenn Sie ein kleines Experiment mit mir versuchen wollen. Wollen Sie?

Bill: Schießen Sie los!

Therapeut: Ich möchte Sie bitten, sich mit beiden Händen die Ohren fest zuzuhalten. Wenn Amy zu schreien oder zu nörgeln anfängt, dann drücken Sie ganz fest zu, damit Sie sie nicht hören können, und wenn Sie das tun, dann können Sie die Hände auch dafür gebrauchen, den Kopf stillzuhalten, weil ich bemerkt habe, daß genau dann, wenn Amy zu sprechen beginnt, Ihr Kopf hin und her wackelt, und Sie beide erregen sich und fangen an zu halluzinieren. Wissen Sie, was ich meine?

Bill: (lachend, auch Amy lacht) Schon gut, ist in Ordnung.

Therapeut: Amy, jetzt ist Ihre große Chance, Bill zu sagen, was Sie wollen, aber denken Sie daran, wenn Sie schreien oder nörgeln, dann wird er sich die Ohren zuhalten. Also regen Sie sich nicht auf, ja?

Amy: (lacht) Er schaut reizend aus so.

Therapeut: Ich frage mich, ob er Sie nicht vielleicht die meiste Zeit so ansieht.

Amy: Ja, ich glaube auch, aber wenn ich ihn so sehe, dann muß ich lachen anstatt mich zu ärgern.

Therapeut: In Ordnung. Vielleicht können wir jetzt anfangen, neue Kanäle für Sie nutzbar zu machen, damit Sie einander *wirklich* hören, aber Sie müssen kleine Schritte machen und nicht mit Gewalt Veränderung erzwingen wollen. Sind Sie beide bereit dazu?

Diese Art der Aufbrechung des Musters (non-verbale Übertreibung mit Humor) liefert eine Möglichkeit, den Prozeß so lange zu verzögern, daß es möglich ist, etwas Neues in die geeichten Schleifen einzubringen. Gleichzeitig kann der Prozeß um eine neue Dimension erweitert werden, eine Dimension, die ebenfalls mit dem Übergangspunkt der Entscheidungsfindung zu tun hat, weil sie bei der Eichung an dieser Stelle einer Streichung zum Opfer gefallen war. Im vorliegenden Fall zum Beispiel könnte der Therapeut für Bill die folgenden Anweisungen hinzufügen:

Therapeut: Jetzt, Bill, wenn Sie sich mit den Händen die Ohren zuhalten und sich auf diese Art vor Amys Geschrei schützen, hätte ich gerne, daß Sie folgendes immer wieder laut wiederholen: »Sag nichts Schlechtes und sprich nicht so laut, ich bin zu empfindlich«; und von Ihnen, Amy, hätte ich gerne, daß Sie gerade so laut schreien, daß Bill Sie hört: »Ich schreie nicht; höre nur auf mich, ich schreie nicht.« In Ordnung, jetzt tun Sie beide dies bitte *gleichzeitig.*

Das Ergebnis dieser Art von Intervention ist in der Regel, daß beide Partner eine Erfahrung machen, die ihnen gut bekannt ist und gleichzeitig Spaß macht und die es ihnen erspart, einen Schuldigen zu suchen. Darüber hinaus werden sie ihres dummen Verhaltens allmählich überdrüssig werden und bereit sein, einen neuen Weg zu versuchen, nachdem sie mit dem gesamten Zyklus auf einmal in sehr übertriebener Form konfrontiert worden sind. Was die Techniken zur Unterbrechung geeichten Gedankenlesens anbetrifft, so sind der Kreativität des Therapeuten hier keine Grenzen gesetzt, obwohl der eigentliche Prozeß grundsätzlich immer derselbe ist: Gedankenlesen erkennen und den Prozeßablauf beiden Parteien genügend deutlich werden lassen, damit das Bedürfnis nach Rückmeldung geweckt wird. Häufig schließen wir mit den folgenden Worten: »Haben Sie eine Lizenz als Wahrsager? Sind Sie sicher, daß Sie die Beglaubigungsschreiben haben? Ich wußte gar nicht, daß man welche ausgehändigt hat.« Dann können von den Familienmitgliedern zwei Dinge gelernt werden: erstens, wie man geeichte Schleifen unterbricht ohne anzuklagen, und zweitens, wie man Rückmeldung organisiert. Die Aufbrechung von geeichten Schleifen eröffnet den Familienmitgliedern neue Wege zu einem besseren gegenseitigen Verständnis für die individuellen Eigenheiten beim Senden und Empfangen von Botschaften. Der wichtigste Lernschritt dabei ist, daß man das, was man *beabsichtigt,* nicht immer auch *erreicht,* oder wie wir zu sagen pflegen, *die Landkarte ist nicht das Land.* Wenn zwei Menschen verschiedene Landkarten haben, dann kann es sein, daß es sich dabei um Karten von verschiedenen Gebieten handelt. In einem solchen Fall ist es der Orientierung beider Reisender dienlicher, sich Gedanken über die

Unterschiedlichkeit der Karten zu machen, als darüber zu streiten, wer die richtige Karte besitzt. Die Diskussion darüber, welche Landkarte die richtige ist, ist ein sicheres Zeichen dafür, daß beide vergessen haben, daß es *keine von beiden* ist.

Neue Perspektiven über den Prozeß eröffnen (Einnehmen einer Metaposition in bezug auf den Systemprozeß)

Die drei Hauptstrategien, die wir in diesem Abschnitt darstellen wollen, werden sich bis zu einem gewissen Grad überschneiden; unterschiedlich sind vor allem die jeweils geeigneten didaktischen Verfahren ihrer Vermittlung. Alle drei sollen als Leitfaden für Sie bei der Organisierung Ihres Verhaltens dienen und keine voneinander isolierten Methoden darstellen. Dies wollen wir berücksichtigen, wenn wir uns jetzt der Frage zuwenden, wie man den Familienmitgliedern helfen kann, eine neue Perspektive über den Prozeß des Systems zu erlangen. Hierfür muß der Therapeut eine konkrete Form finden, damit die Familie verstehen kann, was er meint, und die Möglichkeit hat, die beiseite geschobenen Gefühle nachträglich zu empfinden und neu einzubeziehen. Das Problem der Zusammenwirkung vieler verschiedener Muster, wie sie in diesem Buch beschrieben werden, führt zu dem, was wir System-Prozeß nennen. Wegen seiner Komplexität läßt sich ein Familiensystem vom Therapeuten nur so weit öffnen, wie das vordergründige Problem dieser Familie nicht ihr eigentliches Problem ist – die Muster der Auseinandersetzung also Quelle der individuellen Probleme sind. Wenn also eine Familie kommt, und die Ehefrau sagt, daß ihr Ehemann, Tom, unvernünftig sei, weil er es ablehne, daß sie arbeiten geht und sich eine eigene Karriere aufbaut, und Tom seine ablehnende Haltung zum Ausdruck bringt: »Deine Verantwortlichkeit liegt bei den Kindern zu Hause, und ich bin auf keinen Fall dafür, daß du sie ihrer Mutter und der Geborgenheit und Liebe einer behüteten Kindheit beraubst« – dann besteht die Aufgabe des Therapeuten *nicht* darin zu entscheiden, wer recht oder wer unrecht hat; es liegt nicht an ihm, einen Kompromiß zu vereinbaren. Die Lösung solcher Probleme ist nicht die Hauptaufgabe des Therapeuten. Selbst wenn das spezielle Problem gelöst wird, wird die geeichte Kommunikation, die dieses Problem verursachte, ein neues hervorrufen. Die Aufgabe des Therapeuten ist es vielmehr, die geeichten Kommunikationsschleifen zu durchbrechen und ein Klima zu schaffen, in dem die Familie sich auf die Möglichkeiten und Reserven besinnen kann, die ihr zur Lösung aller spezifischen Probleme zur Verfügung stehen. Gegenstand der Therapie ist nicht der Inhalt, sondern der *Prozeß*, der bestimmt, was aus den Hoffnungen wird, die jeder einzelne hegt, wie beispielsweise seine Problemlösungen aussehen. Seine Aufgabe ist es, die Einbeziehung des Prozesses so weit sicherzustellen, daß die Familienmitglieder ihre eigenen Probleme ohne fremde Hilfe lösen können. Im Idealfall wird dann jeder neue Konflikt zu einer Gelegenheit für jedes Familienmitglied, das Gewünschte zu erhalten. Der Prozeß des Systems ist also das Muster, dem der Therapeut seine volle Aufmerksamkeit widmet. Er will das *was* und *wie* verstehen, und nicht das *warum*. Er bemüht sich darum, allen Familienmitgliedern zu helfen, mit Rückmeldung umzugehen. Wenn der Therapeut nicht auf dieser Ebene arbeitet, dann wird er selbst verwickelt und zum Bestandteil eines Prozesses, der zu neuen Schwierigkeiten führt.

Zum Beispiel: Wenn der Therapeut Tom fragen würde, warum er etwas dagegen hat, daß Amy arbeiten geht, dann würde Tom wahrscheinlich das vorbringen, was er dem Therapeuten schon erzählt hat, und während er dies tut, in dem Therapeuten noch mehr das Bedürfnis wecken zu entscheiden, wer recht und wer unrecht hat. Wenn aber der Therapeut Tom fragt, *wie* er sein Ziel, nämlich den Kindern Geborgenheit zu geben, erreicht, und *wie* Amy sich im Einklang mit diesem Ziel verhält, dann werden diese Fragen des Therapeuten Information und Bewußtheit bringen, die es dem Paar ermöglichen, den Start in eine neue Richtung zu versuchen. Die Frage, *warum* Tom nicht will, daß Amy arbeitet, verstärkt nur die alten Tendenzen. Der Therapeut selbst muß auf der Prozeßebene Perspektiven entwickeln. Das bedeutet, daß der Therapeut sich unvoreingenommen auf die Familie einläßt, den Familienmitgliedern mit Augen, Ohren und Körper antwortet, während er gleichzeitig außerhalb ihres Familiensystems bleibt. Der Therapeut nimmt teil an dem *Prozeß*, um Informationen zu sammeln, seinen Weg zu finden, Risiken auf sich zu nehmen. Die Familienmitglieder sind am *Inhalt* beteiligt, sie versuchen, ihren Weg zu gehen, gut dazustehen und keinen Fehler zu machen. Sie versuchen, einen Weg zu finden für aktuelle Auseinandersetzungen – und der Therapeut gibt ihnen Möglichkeiten an die Hand, die ihnen ihr ganzes Leben lang nützlich sein werden. Um Lernerfahrungen zu schaffen, die ein Familiensystem auf diese Weise unterwandern, muß der Therapeut in die Umwandlung des Familiensystems eine neue Dimension einbeziehen. Dies kann er erreichen, indem er den Familienmitgliedern eine neue Perspektive vermittelt, nämlich den Blickwinkel, aus dem er selbst ihr System sieht. Das Durchbrechen der Eichung wird nur in dem Ausmaß Erfolg haben, wie die Familienmitglieder lernen, daß sie auf Rückmeldung angewiesen sind und daß geeichte Kommunikationsschleifen gebrochen werden müssen. Familientherapie wird noch überzeugender, wenn der Therapeut seine eigene explizite Sichtweise des systembestimmenden Prozesses, sowohl seine Ansichten als auch seine Wahrnehmungen, miteinbezieht. Familienmitglieder, die in eine *inhaltliche* Auseinandersetzung verwickelt sind, sollten zu einem bestimmten Zeitpunkt anhalten und sich dem *Prozeß* zuwenden, um eine Perspektive zu gewinnen, die ihnen weiterhelfen wird. Das Festhalten am Inhalt hat die Freiheitsgrade reduziert. Viele inhaltliche Probleme können mit neuen Methoden des Miteinanderumgehens gelöst werden, wenn die Familienmitglieder erst einmal beginnen, ihr System zu verstehen, und wenn sie gelernt haben, es für sich selbst zu nutzen. Unser Ziel ist es, jedem einzelnen Familienmitglied so viele Methoden wie möglich an die Hand zu geben. Wir gehen davon aus, daß es immer wieder Probleme geben wird. Der Therapeut ist in einer aussichtslosen Position, wenn er einen »problem-zentrierten« Ansatz benutzt. Deshalb verwenden wir einen Ansatz der »erfolgreichen Auseinandersetzungen«. Nicht das Problem ist unser Problem, sondern die *Art* der Auseinandersetzung.

Eine der wichtigsten Techniken, die wir gegenwärtig kennen, um eine Perspektive des Prozesses zu gewinnen, ist das *Figuren-Stellen*, wobei der Therapeut die in der Familie ablaufenden Prozesse in Körperhaltungen und -bewegungen übersetzt und auf diese Weise die von ihm in der Sitzung beobachtete Kommunikation wiedergibt. Zum Beispiel:

Ein Vater, Jack, könnte damit anfangen, aufrecht dazustehen, mit starrer Körperhaltung, erhobenem Kopf, unwahrscheinlich vernünftig, der Super-Rationalisierer, stark wie eine Säule und unnahbar. Wenn er sich so verhält, dann kniet Joyce, seine Frau, vor ihm in einer ihn verehrenden und bewundernden Haltung und schaut zu ihm auf. In der Zwischenzeit klettern ihre drei Kinder eines nach dem anderen auf Jacks Rücken, bis er unter der Last zusammenbricht und zu Boden geht. In diesem Moment springt Joyce auf, nimmt eine anklagende Haltung ein, mit drohend erhobenem Finger und zitternden Nasenflügeln, bis Jack schließlich wieder auf die Beine kommt, wieder steif wie ein Brett wird, so daß Joyce niederknien und ihn verehren kann.

Diese visuelle Darstellung konfrontiert die Familienmitglieder mit einem Bild des ablaufenden Prozesses. Es erlaubt ihnen zu sehen, wie die Muster ihres Kommunikationszyklus sich inhaltlich verändern, während der Prozeß derselbe bleibt.

Eine weitere Perspektive kann eröffnet werden, wenn der Therapeut den Prozeß beschreibt, indem er die Familienmitglieder veranlaßt, das Geschehen greifbar und sichtbar zum Ausdruck zu bringen.

Schritt Eins: Jack steht aufrecht, Joyce kniet, die Kinder beginnen, an Jack hochzuklettern.

Therapeut: Ich sehe, daß Joyce anscheinend die Fähigkeit von Jack, die Verantwortung zu tragen, klug zu sein, und jemand, zu dem sie aufschauen kann, bewundert, während die Kinder an ihm ziehen, um seine Aufmerksamkeit zu bekommen, weil er immer so sehr damit beschäftigt ist, die Verantwortung zu übernehmen, und jetzt wollen sie mit diesem großen, starken Mann in Kontakt kommen. Und es ist schwierig, an ihn heranzukommen, deshalb zieht ihr fester an ihm und klettert noch höher, damit er euch endlich bemerkt. Vielleicht bekommt ihr in der Schule Schwierigkeiten, damit er euch bei den Hausaufgaben helfen muß. Oder ihr könntet ihm eine Unmenge an »Warum-Fragen« stellen, und, weil er so klug ist, wird er antworten müssen. In der Zwischenzeit schauen Sie, Joyce, voller Bewunderung auf seine Fähigkeit, Verantwortung zu tragen, bis Jack, der so stark aussieht, plötzlich umfällt und zusammenbricht. Jetzt habt ihr Kinder den Kontakt – er kann sich Zeit für euch nehmen, aber plötzlich ist die arme Joyce in die Lage versetzt, die Verantwortung übernehmen zu müssen. Und wo ist ihr großer, starker Mann? Er braucht sie jetzt, damit sie sich um *ihn* kümmert, deshalb nörgelt sie ununterbrochen und schimpft ihn, daß er wieder auf die Füße kommen soll. Schließlich ist Jack so erschrocken darüber, was Joyce tun könnte, daß er sich aufbäumt und vorgibt, er sei so stark wie ein Ochse. Allerdings muß er jetzt die Beziehung zu seinen Kindern aufgeben, weil er besonders hart arbeiten muß, um die Zeit, die er krank war, wiedergutzumachen. Ihr, Kinder, vermißt ihn, und deshalb fangt ihr an, wieder an ihm hochzuklettern.

Durch eine solche Darstellung können wir uns ein wesentlich besseres Bild von dem Prozeß machen. Der Therapeut kann sogar noch weiter gehen und die Familienmitglieder auffordern, über ihr inneres Erleben während dieser ballettartigen Darstellung des Prozeßgeschehens zu berichten. Jack zum Beispiel, der stark und aufrecht dasteht, könnte sagen, daß er sich augenblicklich einsam fühlt und wie der Ast eines Baumes, der dabei ist, abzubrechen. Während Joyce einen gebrochenen Jack anklagt, könnte sie berichten, daß sie in Wirklichkeit nicht wütend ist, sondern ängstlich und verzweifelt. Auch dies kann eine neue Perspektive des Prozesses sein. Ein weiterer Schritt könnte darin bestehen, jedes Familienmitglied in jeder Position zu fragen, was die Anspannung mildern könnte. Jack könnte Joyce darum bitten, ihm beizustehen und ihm zu helfen, anstatt ihn zu bewundern. Wenn sie ihm beisteht, könnte sie sagen: »Ich wollte dir schon immer helfen und auf gleicher Ebene mit dir sein, aber ich dachte, du könntest nur dann stark sein, wenn du denkst, daß ich schwach bin und dich stark *brauche.*« Diese Art der Sichtweise eines Prozesses eliminiert nicht nur Beschuldigungen und durchbricht Eichungen, sondern sie vermittelt den Familienmitgliedern zugleich ein intensiveres Bewußtsein vom Prozeßgeschehen. Dieses Bewußtsein verleiht den Familienmitgliedern Rückhalt in Krisenzeiten. Bislang hatten sie nur eine Perspektive, nämlich die eigene Sichtweise. Jetzt können sie diese ergänzen um eine prozeßorientierte Perspektive sowie um die Kenntnis der unterschiedlichen Perspektiven der Familienmitglieder.

Die Perspektive des Systemprozesses gibt den Familienmitgliedern die Möglichkeit, ihre unterschiedlichen Sichtweisen auszutauschen, ohne einander Fehler nachweisen zu müssen. Sie erhalten Gelegenheit, etwas über die ihnen zur Verfügung stehenden verschiedenen Möglichkeiten des Empfangens und Sendens von Botschaften innerhalb ihres eigenen Familiensystems zu erfahren. Sie können jetzt diese Unterschiede verstehen und daraus lernen. Natürlich wird sich nicht jede Familie diese Perspektive in einer einzigen Sitzung zu eigen machen; jede Familie wird die Geschwindigkeit, mit der sie bestimmte Prozeßabläufe verstehen lernt, selbst bestimmen, einen Schritt nach dem anderen tun, da sich mit jedem ein wertvolles Stück Erfahrung verbindet. Wenn die Gesamtstrategie darauf abzielt, die Familien neue Sichtweisen finden zu lassen, dann muß der Therapeut genügend Geduld aufbringen können und in der Lage sein, die in der Familie vorhandenen Kräfte zu mobilisieren, damit diese es schaffen kann, einen Zugang zum Prozeßgeschehen zu finden.

Wir wollen betonen, daß die einzelnen Beispiele, die wir eingestreut haben, nichts weiter sind als Beispiele. Unsere Hoffnung ist, daß jeder von Ihnen sein Können einsetzen wird, um interessante und dynamische Variationen dieser Beispiele zu schaffen. Wir möchten dazu zwei Vorschläge machen:

1. Verwenden Sie alle Fähigkeiten und Stärken der Familienmitglieder. Wenn zum Beispiel ein Familienmitglied Bildhauer, Maler oder Musiker ist, dann sorgen Sie ruhig dafür, daß die jeweils eigenen Ausdrucksmöglichkeiten für den Lernprozeß genutzt werden.
2. Wenn Sie eine Erfahrung herausarbeiten wollen, dann versuchen Sie den Lernvorgang effektiv zu gestalten durch Einbeziehung möglichst vieler Kanäle – alle Eingabe-Kanäle (die Sinne), alle Kanäle des Darstellungssystems und alle Ausgabe-Kanäle. Dieses Prinzip wird einen maximalen Lernerfolg bei allen Familienmitgliedern gewährleisten.

Die Krisen, die in den Familien entstehen, konfrontieren alle Mitglieder mit Situationen, in denen es zum Kampf um die Bewahrung des Selbstwertgefühls kommt. Alle werden in den Strudel gerissen. Es ist nun Ihre Aufgabe als Therapeut, die den Prozeß beschreibenden Daten zu strukturieren und eine nicht wertende Darstellung davon zu finden, daß die Familienmitglieder das Wesentliche des Prozesses begreifen können, ohne sich mit tausend Einzelheiten herumschlagen zu müssen. Wenn dann einmal eine bestimmte Perspektive gewonnen wurde, kann die Entwicklung von dieser Stelle aus ihren Fortgang nehmen.

Umwandlung des Systems durch neue Eichung

Das ideale Ergebnis einer Familientherapie ist ein gänzlich offenes System mit Perspektiven, Rückmeldung, der Freiheit, nachzufragen und neue Schritte zu unternehmen. Ein solches System wird jedoch nicht dadurch realisiert, daß der Therapeut sich blindwütig an die Aufbrechung geeichter Schleifen macht – wie ein Elefant im Porzellanladen. Ein Familiensystem ist ein sehr differenziertes Gebilde, das einer Gruppe von Menschen Rückhalt gewährt, die keineswegs perfekt sind und es auch nicht sein müssen. Wem kommt schon die Erleuchtung über Nacht? Geduld ist die oberste Voraussetzung für das erfolgreiche Wirken eines Familientherapeuten. Es ist nicht unsere Aufgabe, ein individuelles Familienmitglied von Grund auf zu verändern. Es könnte sogar sein, daß durch eine darauf ausgerichtete Vorgehensweise eine Entfremdung des einzelnen gegenüber dem Familiensystem eintritt und ihn damit um so mehr unter Streß bringt. Die Aufgabe des Familientherapeuten ist es vielmehr, das System *als Ganzes* dahingehend zu verändern, daß Streß und Spannung verringert werden, Zuwendung und Unterstützung anwachsen, so daß alle Familienmitglieder sich weiterentwickeln können. Familientherapeuten sollten nicht versuchen, jedes mögliche Stückchen Veränderung aus jedem Familienmitglied herauszupressen, sie sollten vielmehr gangbare Wege aufspüren und versuchen, mit kleinen Veränderungen große Wirkungen zu erzielen, dadurch, daß die Familienmitglieder lernen, Eichungen durch Rückmeldungen zu ersetzen und in den Kategorien von Systemprozessen zu denken.

Die Konzentration auf die Maximierung der Veränderung für ein einzelnes Familienmitglied kann eine Verzerrung des Systems zur Folge haben. Jedes Familienmitglied verfügt von Haus aus über ein Potential möglicher Veränderungen; unsere Aufgabe ist es, dieses Potential zu aktivieren und so Kräfte zur Entwicklung und Veränderung für *alle* Familienmitglieder freizusetzen. Eine der schönsten Erfahrungen, die wir machen können und auf die wir hinarbeiten, ist der sogenannte »Schneeball-Effekt« – eine therapeutische Intervention, die darin resultiert, daß die Familienmitglieder den Veränderungsprozeß selbst in die Hand nehmen. Eine zu plötzliche Veränderung wird das Familiensystem sprengen, eine zu langsame Veränderung wird jene Familienmitglieder entmutigen, die bereits verzweifelt nach neuen Wegen suchen und ungeduldig darauf warten, an den neuen Erfahrungen teilzuhaben. An diesem Punkt der Familientherapie braucht der Therapeut sehr viel Fingerspitzengefühl, damit es ihm gelingt, das System als Ganzes so weit zu entfalten, daß es eine solide Grundlage für jene

Familienmitglieder bildet, denen es möglich ist, mit dieser Unterstützung selbst ihren Weg zu finden. Dies ist das Stadium, wo einzelne Familienmitglieder die Freiheit erleben, eigene Entscheidungen für sich selbst treffen zu können. Der Therapeut sollte sich im klaren darüber sein, daß Familientherapie auf der Erkenntnis beruht, daß jede Veränderung bei irgendeinem Mitglied eines Familiensystems einen Impuls auf jedes andere Familienmitglied ausübt. Nehmen wir einmal an, der kleine Johnny verhält sich autistisch; alle unsere Anstrengungen, ihn von dieser Symptomatik zu heilen, können so lange vergebens sein, wie wir ihn in ein Familiensystem zurückschicken, dessen *Muster* sich nicht geändert haben und das ihn deshalb in die früheren Reaktionen zurückfallen läßt.

Wenn man sich auf das Familienmitglied konzentriert, das Symptomträger ist, dann heißt dies in der Tat einen harten Weg beschreiten. Damit Johnny seinen Autismus direkt überwinden kann, wird er sich ungeheuer verändern müssen, in vielen Beziehungen, besonders dann, wenn die Veränderung seine Rückkehr in das ursprüngliche Familiensystem überleben soll. Wenn sich aber jedes Mitglied des Systems nur ein bißchen in der einen oder anderen Hinsicht verändert, dann ist das Ergebnis, daß die Veränderungen das System aushöhlen und Johnnys Symptome überflüssig werden. Die Überprüfung dieses Prinzips ist Ihnen anhand Ihrer eigenen Erfahrung leicht möglich. Wenn Sie Ihre Familie verlassen haben, auf die Universität gegangen sind oder zum Militär, oder wenn Sie sogar weggezogen sind und dann zurückkehrten, um Ihr Elternhaus oder alte Freunde zu besuchen, dann wurde Ihnen bewußt, wie sich jeder von Ihnen weiterentwickelt und verändert hatte. Deshalb verspüren Sie bei Ihrer Rückkehr ein ungutes Gefühl, das möglicherweise nie wieder ganz verschwunden ist. Indem Sie fremd in das alte System zurückgekehrt sind, haben Sie genau das getan, was wir in der Familientherapie vermeiden müssen, wenn wir eine Umgebung schaffen wollen, in der jedes Mitglied sich geborgen fühlen und entwickeln kann auf der Grundlage, die das Familiensystem jedem zur Verfügung stellt.

Stellen Sie sich vor, Sie stehen vor einem Stapel Gläser, Wassergläser, die sorgfältig zu einer Pyramide aufgebaut worden sind, in der Art, daß jede Reihe Gläser die Reihe darüber trägt. Die oberste Reihe besteht aus einem Glas, die nächste Reihe aus vier Gläsern, die nächste Reihe aus neun Gläsern, und die Reihe darunter aus sechzehn Gläsern. Jede Reihe Gläser besitzt eine Struktur, die alle Gläser darüber stützt. Wenn Sie dieselben Gläser für die Konstruktion einer neuen Struktur nehmen wollten, würden Sie nicht anfangen, Gläser aus der untersten Reihe zu nehmen; Sie würden noch nicht einmal nur die linken Gläser nehmen. Sie müßten oben anfangen und nach und nach die Reihen heruntergehen, oder Sie würden alles zerstören. Dieses Verfahren ähnelt dem therapeutischen Vorgehen in einer Therapiesitzung. Wenn der Therapeut die Familie durch das Bild der Glaspyramide sieht, dann wird er daran erinnert, daß er nicht der Versuchung erliegen sollte, das beschmutzte Glas wegzuräumen, ohne Rücksicht auf den möglichen Effekt seiner Handlung auf die anderen Gläser zu nehmen.

Bei der Organisation dieses Prozesses sollte eine Grundregel nicht außer acht gelassen werden, daß nämlich jede Interaktion, die eine Tür öffnet oder eine Eichung durchbricht, von allen anwesenden Familienmitgliedern verstanden werden muß. Das geschieht etwa folgendermaßen:

Der Therapeut arbeitet mit dem Ehemann/Vater, und es gelingt ihm, eine geeichte Schleife zu brechen, die in der Kommunikation des Vaters mit seinem Sohn verankert ist. Der Therapeut wendet sich dann dem Sohn zu, um sicherzustellen, daß auch er seinen Teil der geeichten Schleife durchbrochen hat und daß er die Veränderung des Vaters mitbekommen hat (neue Erfahrung). Als nächstes wendet der Therapeut sich an die Mutter, die alles beobachtet hat, und versucht, ihr zu helfen, die Veränderung in der Beziehung zwischen ihrem Mann und ihrem Sohn zu verstehen und zu akzeptieren. Dieser Zyklus setzt sich fort, jeder Schritt zieht einen weiteren Schritt nach sich, und alle Mitglieder werden auf die Veränderungen vorbereitet. Der gleiche Prozeß läuft ab, wenn es darum geht, neue Perspektiven in bezug auf den familiären Prozeß zu gewinnen. Auch hier wird einer nach dem anderen einbezogen, werden Schleifen aufgebrochen und der Rest des Systems auf diesen neuen Teil umgeeicht. Der ganze Prozeß der Umwandlung führt dann in einem gewissen Sinn zu einer neuen Kette, in der jedes Glied mit dem nächsten verbunden ist. Dies hilft dem Therapeuten dabei, hinsichtlich der Veränderung die optimale Geschwindigkeit und die jeweils geeignete Richtung für das spezielle Familiensystem zu finden. Auf diese Weise kann man sich absichern gegen zufällige Sprünge, die das System aus dem Gleichgewicht werfen könnten. Das Unterbrechen der Eichung, der Gewinn von Perspektiven bezüglich des Familienprozesses und das fortwährende Schmieden neuer Glieder in dem Familiensystem machen die Struktur und die Strategien aus, die die individuellen Interventionen zur Umwandlung eines Familiensystems miteinander verflechten. Dies geschieht in der zweiten Phase einer Familientherapiesitzung und führt dann auch in das dritte und letzte Stadium der Arbeit mit der Familie. In einem gewissen Sinn arbeiten wir als Therapeuten daran, Verbanntes zurückzuholen, Schlafendes zu wecken und diese neu erworbenen Werte zu größerer Energie und Kraft miteinander zu verbinden. Aus diesem Grund fügen wir eigentlich dem Familiensystem nichts Neues zu; wir ermöglichen lediglich den Familienmitgliedern einen neuen Zugang zu dem Kraftpotential, das schon da war.

III. Konsolidierung der Veränderungen

In der dritten und letzten Phase der Familientherapiesitzung arbeitet der Therapeut an der Konsolidierung der Veränderungen, die die Familienmitglieder als Teil der modellhaften Erfahrung in Phase II erreicht haben. Wir unterteilen diese Phase in drei Abschnitte:

1. Überblick über den Verlauf der Familientherapiesitzung;
2. Rückmeldung von jedem Mitglied bezüglich des Verlaufs;
3. Die Entwicklung von Hausaufgaben und deren Anweisung.

Diese letzte Phase ist ein wichtiger Schritt in jeder Sitzung, ob nun die spezifische Erfahrung, die die Familienmitglieder und der Therapeut in Phase I planten, tatsächlich im einzelnen in Phase II stattgefunden hat oder nicht. Die Tatsache, daß die Familienmitglieder und der Therapeut zu dem Zweck in dem Prozeß stehen, um in kooperativer Arbeit etwas für sich selbst zu schaffen, ist die Grundlage jeder Sitzung. Wiederum ist der *Prozeß* die Basis der Veränderung und nicht der spezifische *Inhalt*. Aus dieser Perspektive betrachtet, hat jede Interview-Sitzung ihr Eigenleben; sie hat eine eigene Gestalt. Die Kontinuität wird gewährt, indem man bei jedem Treffen des Therapeuten mit der Familie neue Bausteine entwickelt.

Das Ziel des Therapeuten in dieser letzten Phase der Sitzung ist es, den Familienmitgliedern zu helfen, den Gewinn, den sie selbst aus der Sitzung davontragen, zu sichern, das bedeutet in der Tat eine neue Familiengeschichte aufzubauen, die jetzt zur Vertrauensbasis wird, wenn Risiken bezüglich Veränderung und Entwicklung eingegangen werden. Wahrhaftig findet Familientherapie in unserer realen Welt statt, mit realen Zeitbeschränkungen. Wenn aber eine Familientherapiesitzung vorüber ist, dann haben die Familienmitglieder die Gelegenheit, mit ihren neuen Flügeln auf eigene Faust Flugversuche zu unternehmen. Der Therapeut arbeitet an der Herstellung der Bedingungen, die es der Familie ermöglichen, den Veränderungsprozeß auch zwischen den Sitzungen fortzusetzen — es ist anzunehmen, daß die Familie, die wiederkommt, sich von derjenigen, die weggeht, unterscheidet.

Rückblick auf den Verlauf der Sitzung

Eine Familie hat sich auf eine therapeutische Sitzung eingelassen, deren offenkundige Absicht es ist, der Familie zu helfen, sich zu ändern. Wie wir in unserer Darstellung von Phase I und Phase II betonten, liegt der Schlüssel zur effektiven Intervention durch den Familientherapeuten im Erkennen und Durchbrechen von geeichten Schleifen der Kommunikationsmuster, die zwischen den Familienmitgliedern existieren, das heißt, es muß für explizite, bewußte Rückmeldung in den Mustern der Familienkommunikation gesorgt werden.

Der Rückblick gibt dem Therapeuten eine erneute Gelegenheit, sich als Modell für kongruente Kommunikation zu erweisen, dadurch nämlich, daß er den Familienmitgliedern eine spezifische Rückmeldung über die Sitzung zukommen läßt. Diese Berichterstattung über die therapeutische Sitzung deckt sich mit dem Prinzip, den Familienmitgliedern beim Verstehen jenes Prozesses behilflich zu sein, dem sie das bislang Erreichte verdanken. Der Therapeut beginnt seinen Rückblick damit, daß er die Familienmitglieder an den Zustand erinnert, in dem sie sich befanden, als sie das erstemal zu ihm in die Therapiesitzung kamen, und dann läßt er Schritt für Schritt die stattgefundenen Prozesse Revue passieren: Was sich in Phase I ereignete, auf welche Art und Weise sie alle zusammen gearbeitet haben, um sich darüber klar zu werden, was sie eigentlich wollten, und wie sich dann alle darauf vorbereitet haben, eine neue Erfahrung in ihre persönliche Entwicklung einzubeziehen; weiterhin wird erörtert, was in Phase II geschah und welche speziellen Handlungen des Therapeuten und der Familienmitglieder hier eine Rolle spielten.

Der Rückblick gibt dem Therapeuten die Gelegenheit, den Familienmitgliedern zu vermitteln, wie er sie erfahren hat in dem gemeinsamen Streben nach Veränderung. Er stellt die Schritte heraus, die er bezüglich des Prozesses der Familienveränderung für besonders wichtig erachtet, zum Beispiel das Erkennen von geeichten Kommunikationsschleifen. Er stellt fest, worin aus seiner Sicht das kooperative Zusammenwirken der Familienmitglieder zur Schaffung neuer individueller Möglichkeiten bestand. Sorgfältig zählt er die Schritte auf, die von der Familie in jenem Prozeß zurückgelegt wurden, der ihnen all die neuen Möglichkeiten eröffnete. Durch die Offenlegung des Prozesses, der in den Therapiesitzungen stattfindet, macht der Therapeut die Methoden und Fertigkeiten explizit, die die Familie braucht, um den begonnenen Prozeß der Entwicklung und Veränderung fortzusetzen. Unserer Erfahrung nach erschöpft sich das ideale Ergebnis einer Familientherapiesitzung nicht darin, eine Erfahrung gemacht zu haben, die von der Familie für zukünftige Entwicklung genutzt werden kann, sondern es geht auch darum, diese Erfahrung zu *begreifen* und die spezifischen Methoden, die der Therapeut und die Familienmitglieder zur Vorbereitung dieser Erfahrung einsetzten, zu verstehen. Wenn die Erfahrung des Gewünschten möglich wird, so ist das zwar als Erfolg zu werten. Noch erfreulicher ist es jedoch, wenn darüber hinaus auch die Aneignung von Fertigkeiten gelingt, mit deren Hilfe neue Wege für die familiäre Kommunikation geebnet werden können. Diese Art von Lernfortschritt begünstigt nämlich die Entstehung eines wirklich offenen Systems, das die Voraussetzung dafür ist, mit allen Schwierigkeiten, die auftauchen mögen, kreativ und wirkungsvoll umgehen zu können. Wenn ein solches System besteht, ist es möglich, von den jeweils spezifischen Inhalten zu abstrahieren und trotzdem die erarbeiteten Muster jetzt und zukünftig zur Anwendung zu bringen. Am meisten befriedigt uns immer wieder eine Therapiesitzung, an deren Ende die Familienmitglieder verstehen, was abgelaufen ist, und deshalb auch in der Lage sind, die nächsten erforderlichen Schritte mitzubestimmen und damit festzulegen, in welcher Richtung der Veränderungsprozeß fortgesetzt werden soll.

Nach einer solchen Therapiesitzung fühlt man sich wie jemand, dem es gelungen ist, die Fenster eines Raumes zu öffnen, der vorher abgeschlossen war und dessen Fenster jetzt den Blick auf weitere zunächst unzugängliche Räume freigeben, zu denen die Schlüssel (Methoden) vorhanden sind.

Die Bedeutung von Rückmeldungen seitens der Familienmitglieder

Zu den Prinzipien eines Modells für effektive und klare Kommunikation gehört auch die Forderung des Therapeuten, daß es für Rückmeldungsvorgänge keine Einbahnstraßen geben darf. Aus diesem Grund vergewissert er sich stets, daß jedes Familienmitglied die Gelegenheit hat, sich zu dem Geschehen in der Therapiesitzung zu äußern. Diese Vorgehensweise gibt dem Therapeuten zugleich die Gewißheit, daß er bezüglich der sich abzeichnenden Veränderungen auf dem laufenden bleibt und verfolgen kann, wie jeder einzelne das Geschehen, welches er während einer Sitzung miterlebt hat, für sich verwerten und einschätzen kann und welche Fortschritte er im Erlernen der Methoden gemacht hat. Darüber hinaus werden die einzelnen Familienmitglieder aufgefordert, jederzeit Fragen zu stellen, wenn sie Teile ihrer Erfahrung nicht so recht einordnen können. Auf diese Weise soll erreicht werden, daß die Entwicklung beschleunigt und die letzten der alten Regeln außer Kraft gesetzt werden. Die Vorteile eines echten Dialoges sind unübersehbar. Ohne ihn wird es weder den Familienmitgliedern gelingen, einen Sinn in den Veränderungen zu sehen, die mit ihnen passieren, noch wird der Therapeut Gelegenheit bekommen, seinerseits zu profitieren, indem er sich verändert und lernt, neue, *ihm selbst* zur Verfügung stehende Möglichkeiten zu verstehen. Wenn wir eine Sitzung beenden und nichts dabei gelernt haben, dann ist das für uns ein Zeichen dafür, daß wir irgendwie nicht den richtigen Draht zu der betreffenden Familie gefunden haben.

Hausaufgaben

Der Veränderungs- und Entwicklungsprozeß der Familie, der in der therapeutischen Sitzung beginnt, endet nicht mit dem Schluß der

Sitzung. Wenn die Familie wieder zu Hause ist, dann dienen die aus der Therapie mitgebrachten Erfahrungen als Modell für zukünftige Veränderungen. Um die Kontinuität des Veränderungsprozesses auch über das Ende der Therapie hinaus zu gewährleisten, versucht der Therapeut in seinem Rückblick diesen Prozeß so darzustellen, daß der nächste sich bereits deutlich abzeichnet. Auf diese Weise wird sich die Familie darüber klar, welchen Verlauf ihre Entwicklung nach Beendigung der Therapie nehmen soll.

Wir unterscheiden drei Arten von Hausaufgabenanweisungen, die wir in unserer familientherapeutischen Arbeit für nützlich erachten. Der erste Typ von Anweisungen an die Familie besteht in der Übung von »Unterbrechungssignalen« an einem zu bestimmten Zeiten eigens dafür reservierten Ort. Wenn die Familie die therapeutische Sitzung verläßt, ganz gleich wie effektiv, dramatisch und weitreichend die erzielten Veränderungen sind, dann stellen sich leicht mit der Rückkehr in die gewünschte Umgebung auch die alten Muster geeichter Kommunikation wieder ein, die mit dieser Umgebung assoziiert werden. Allein die gewohnte Umgebung ist ein mächtiger Stimulus zur Re-Aktivierung jener Zyklen, die in der Vergangenheit so viel Leid und Unzufriedenheit mit sich brachten. Die Gefahr der Rückfälligkeit wird weiter vergrößert durch Erfahrungen im Bereich der Arbeit oder Schule sowie die alltäglichen Aktivitäten. Unterbrechungs-Signale sind Zeichen, die von den Familienmitgliedern vereinbart wurden (in der Regel kurz vor Ende einer therapeutischen Sitzung) und die jedes Familienmitglied verwenden kann, um auf ein gerade bearbeitetes Muster geeichter Kommunikation hinzuweisen, falls dieses auftreten sollte. Dem Therapeuten fällt die Aufgabe zu, darauf zu achten, daß die Familienmitglieder angemessene Signale auswählen. Im übrigen empfiehlt es sich, bei der Vereinbarung der Signale folgendes zu berücksichtigen:

a) das zu unterbrechende Eichungsmuster;
b) die Fähigkeiten der beteiligten Familienmitglieder.

Wenn zum Beispiel das zu unterbrechende Muster darin besteht, daß ein Familienmitglied *sich weigert,* einem anderen *zuzuhören,* dann wird ein *auditives* Unterbrechungs-Signal seine Wirkung *verfehlen,* während ein kinästhetisches und/oder visuelles Signal angemessen erscheint. Als Beispiel dafür, wie der Therapeut die individuellen Fähigkeiten der Familienmitglieder berücksichtigen sollte, wollen wir schildern, wie wir im Falle von Familien mit Kindern vorgehen. Wir haben nämlich die Erfahrung gemacht, daß es viel wirkungsvoller ist, Unterbrechungs-Signale zu planen, die *nicht* von verbalen Fähigkeiten abhängen, und zwar hat sich der Gebrauch des *Figuren-Stellens* als Unterbrechungs-Signale für Familien mit Kindern als besonders wirksam erwiesen. Wir haben festgestellt, daß dieses Zeichen, wenn es erst einmal richtig ausgewählt wurde, für die Familie obligatorisch wird. Wenn die Familienmitglieder dazu übergehen, zu bestimmten Zeiten und an eigens dafür reservierten Orten das Unterbrechen der destruktiven Muster systematisch zu üben, dann wird die Unterbrechung mit größerer Wahrscheinlichkeit auch unter Streß gelingen, oder wenn vieles davon abhängt. Bei solchen »Unterbrechungsübungen« kann es mitunter sehr lustig zugehen, wenn das Unternehmen entsprechend aufgezogen wird.

Der zweite Typ Hausaufgabe besteht darin, daß die Familienmitglieder zu eingeplanten Zeiten an bestimmten Orten all die *spezifischen* Formen von *Rückmeldung* üben, die sie in den therapeutischen Sitzungen zur Aufbrechung von geeichten Kommunikationsschleifen benutzt haben. Bei derartigen Übungen lernen die Familienmitglieder auf verschiedene Weise: zum einen durch Ausagieren von Erfahrungen, die früher mit geeichten Kommunikationsschleifen verbunden waren, zum anderen durch Rollenspiel in der Phantasie (ehemals geeicht ablaufende Kommunikationsschleifen werden in der Vorstellung reaktiviert) und schließlich durch irgendwelche anderen, von den Beteiligten zur Einübung von Rückmeldung entwickelten Techniken. Wir schlagen den Familien vor, daß sich jemand von ihnen nicht direkt an den Übungen beteiligt und erst am Ende der Sitzung den übrigen, die direkt interagiert und Rückmeldungen ausgetauscht haben, seinerseits Rückmeldung anbietet. Ein in dieser Weise unbeteiligter Beobachter kann von der Familie autorisiert werden, die Übung abzubrechen, wenn er den Eindruck hat, daß die Rückmeldung sich wieder einmal in eine Form von geeichter Kommunikation verwandelt hat.

Als dritten Typ Hausaufgabe bezeichnen wir eingeplante Sitzungen, in denen die Familie all das bespricht, was der allen gemeinsame Veränderungsprozeß an technischen und methodischen Fragen aufwirft. Diese Übung unterscheidet sich von der vorhergehenden darin, daß die Familienmitglieder nicht spezielle Arten von Rückmeldung in bestimmten Situationen üben, sondern in eine *Auseinandersetzung* über diese Dinge eintreten. Zum Beispiel kann die Familie sich in Diskussion und Rollenspiel damit befassen, wie es gelang, gemeinsam mit dem Therapeuten in der letzten Therapiesitzung eine geeichte Kommunikationsschleife zu entdecken und zu unterbrechen. Solche Auseinandersetzungen versuchen die Familienmitglieder unter Berücksichtigung der speziellen Prozeßschritte zu führen, die ihnen im Zusammenhang mit der zur Diskussion stehenden Erfahrung klargeworden sind. Auf diese Weise kann es erneut zur Bewußtwerdung und Aufbrechung geeichter Schleifen kommen. Auch im Falle dieser Übung schlagen wir vor, daß ein Familienmitglied außerhalb des Prozesses bleibt, um den Gesamtablauf kontrollieren zu können. Die zuletzt genannte Art von Übung wurde speziell unter dem Gesichtspunkt konzipiert, daß es den Familienmitgliedern ermöglicht werden sollte, ihren Veränderungsprozeß fortzusetzen, und sie deshalb etwas brauchen, das ihnen hilft, ihr System zu öffnen. Den Prozeß, der zu diesem Ziel führt, nennen wir »*kongruent werden*« — es ist ein Prozeß, in dessen Verlauf Menschen, die sich noch vor kurzem diversen Zwängen ausgeliefert sahen, lernen, frei zu wählen. Die Übernahme von Risiken wird etwas Selbstverständliches, und von der Gelegenheit, neue Dinge zu probieren, wird man Gebrauch machen, wenn Liebe, Fürsorge, Anregung als Bestandteile eines Ganzen gesehen werden, hinter dem sich letztlich so etwas wie der Sinn des Lebens verbirgt.

Zusammenfassung

Wir haben wiederholt und auf so vielfältige Weise, wie es uns im Rahmen dieses Buches zu entsprechen schien, festgestellt, daß die Hauptaufgabe des Familientherapeuten darin besteht, den Familienmitgliedern zu helfen, Formen von Zwangsverhalten in frei gewählte, offene und kreative Verhaltensmuster umzuwandeln. Wir haben zahlreiche Muster beschrieben, von denen wir uns einen Nutzen für Ihre Arbeit als Familientherapeuten versprechen. Wir haben uns dabei darauf beschränkt, nur jene Muster anzuführen, die wir als notwendig für effektive, dynamische Familientherapie erachten. Die weiter fortgeschrittenen Muster – einschließlich der Meta-Muster – hoffen wir zum Gegenstand eines zweiten Bandes machen zu können. Eines dieser Meta-Muster – die Struktur nämlich, in der die Muster selbst zu organisieren sind – ist die Reihenfolge, in der die in diesem Band dargestellten Muster effektiver Familientherapie einzusetzen sind. Die Grundstruktur von Teil II dieses Bandes ist ein solches Meta-Muster, und zwar handelt es sich dabei um die natürliche Gruppierung der in Teil I ausgeführten Muster unter den Überschriften:

I. Datenerfassung
II. Systemumwandlung
III. Konsolidierung

Wir wollen noch ein weiteres Meta-Muster vorstellen (auf den Seiten 145 f. visuell dargestellt), von dessen besonderer Wirksamkeit wir uns überzeugen konnten. Dieses Meta-Muster ist vollkommen konsistent zu dem oben dargestellten. Es besteht aus folgenden Schritten:

1. Der Therapeut nimmt mit jedem Familienmitglied Kontakt auf;
2. Der Therapeut fungiert als Übersetzer für die Familienmitglieder;
3. Der Therapeut hilft den Familienmitgliedern, direkt in Kontakt miteinander zu kommen.

Es sei dem Leser anheimgestellt, für sich selbst die in Teil I herausgearbeiteten Muster diesen drei Entwicklungsstufen zuzuordnen.

Schritt 1 – Der Therapeut als Ansprechpartner

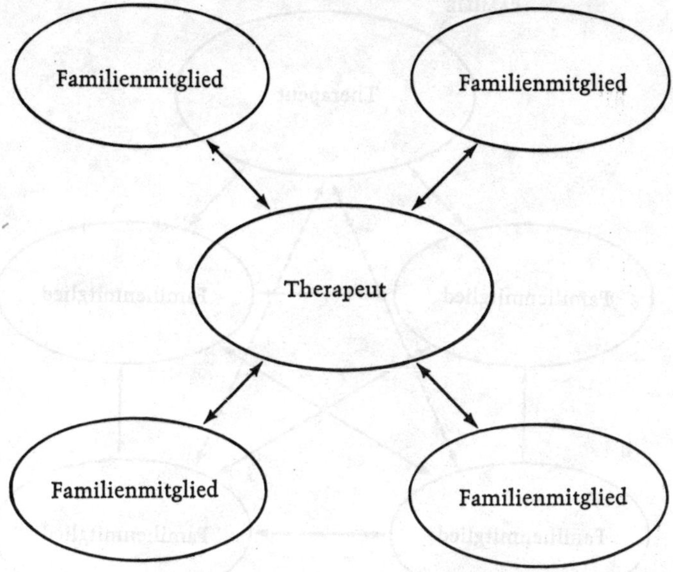

Schritt 2 – Der Therapeut als Übersetzer

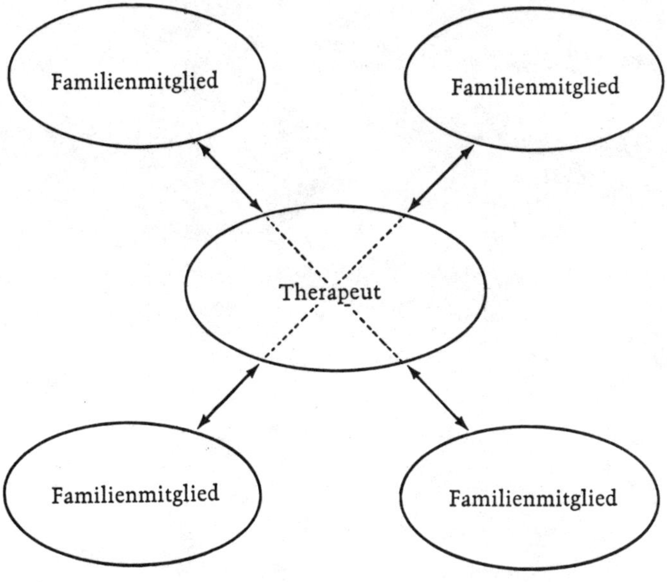

Schritt 3 – Der Therapeut im Kreise einer eigenständigen Familie

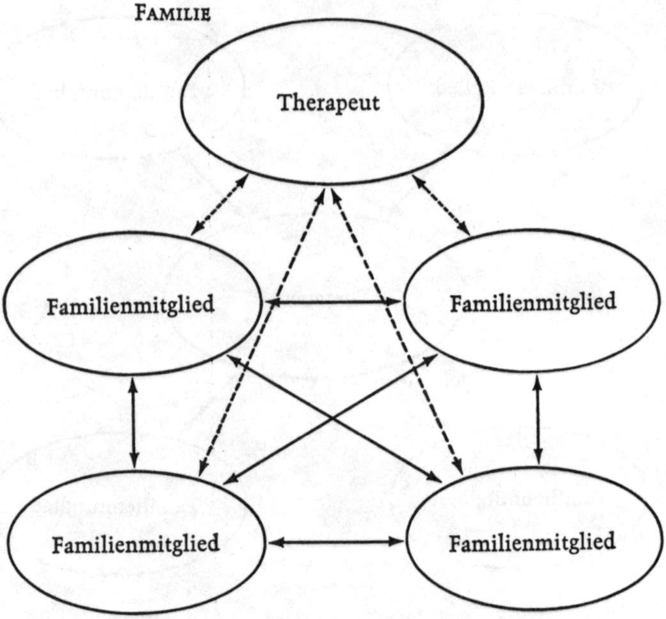

Anmerkungen

Teil I

1. Der Terminus *»sprachliche Vorannahmen«* oder *»Voraussetzungen«* bezieht sich auf all jene Dinge, die der Zuhörer als wahr in seinem Erfahrungsbereich annehmen muß, damit verbale Kommunikation überhaupt sinnvoll ist. Wenn ich Ihnen zum Beispiel sage:
(a) Ich habe die Ameise auf meinem Teller ignoriert;
oder
(b) Ich habe die Ameise auf meinem Teller nicht ignoriert;
dann müssen Sie, um überhaupt einen Sinn in dem, was ich gesagt habe, finden zu können, einen Erfahrungsbereich annehmen, in dem wahr ist:
(c) Auf meinem Teller war eine Ameise.
Als Sprecher bzw. Zuhörer einer jeden natürlichen Sprache verwenden wir alle andauernd Voraussetzungen in unseren verbalen Mitteilungen. Wenn Sie dieses Muster verstehen und anwenden lernen, dann wird dies die Effektivität Ihrer Kommunikation erhöhen. Zu einer vollständigeren Darstellung der verschiedenen Verwendungsmöglichkeiten dieser Grundformen empfehlen wir »The Structure of Magic«, Band I, Science and Behavior Books, Palo Alto 1975, S. 52–53 und S. 92–95; »Patterns of the Hypnotic Techniques of *Milton H. Erickson, M.D.*«, Band I, Meta Publications, 1975, S. 240–243; und »The Structure of Magic«, Band II, Teil II, Science and Behavior Books, Palo Alto 1976.

2. Die Verwendung des verbalen Kommunikationsmusters der sog. *»eingebetteten Fragen«* im Kontext der Hypnose wird in »Patterns of the Hypnotic Techniques of *Milton H. Erickson, M.D.*« auf den Seiten 237–240 dargestellt.

3. Die Verwendung des verbalen Kommunikationsmusters der sog. *»Forderung im Konversationsstil«* oder der *»höflichen Aufforderung«* im Kontext der Hypnose wird in »Patterns of the Hypnotic Techniques of *Milton H. Erickson, M.D.«* auf den Seiten 241–246 dargestellt.

4. Der Terminus *»Bezugsindex«* bezieht sich darauf, ob eine sprachliche Darstellung einen spezifischen Erfahrungsbereich des Zuhörers anspricht. Zum Beispiel die folgenden Worte und Sätze:
   ... diese Seite ...
   ... der Leser ...
   ... Virginia Satir ...
   ... die Zahl auf dieser Seite ...
   Sie alle sprechen einen spezifischen Teilbereich der ständigen Erfahrung des Lesers an, wohingegen Worte und Sätze wie zum Beispiel:
   ... dieses besondere Gefühl ...
   ... Menschen, die diesen Satz nicht verstehen ...
   ... irgend jemand, irgendwann, irgendwo, irgendwie, irgend etwas ...
   ... keiner, jeder, jedesmal, woran ich mich erinnern kann ...
   keinen spezifischen Teilbereich der Erfahrung des Lesers herausgreifen. Zur ausführlicheren Betrachtung empfehlen wir in »The Structure of Magic«, Band I, Seite 47–48 und 80–88; V. Satir, »Conjoint Family Therapy«, Science and Behavior Books, Palo Alto 1964, S. 160–177; und »Patterns of the Hypnotic Techniques of *Milton H. Erickson, M.D.*«, S. 209–231.

5. Eine ausführlichere Darstellung der Verwendung dieses verbalen Musters findet man in »The Structure of Magic«, Band I, auf den Seiten 40–43, 49–51 und 59–73; und in »Patterns of the Hypnotic Techniques of *Milton H. Erickson, M.D.«* auf den Seiten 209–231.

6. Indem der Therapeut die Familienmitglieder auffordert, die Prozeßbeschreibungen zu spezifizieren – das heißt *»Spezifizieren von Verben«* –, kann er sicherstellen, daß mit solchen Mustern der Auseinandersetzung gearbeitet wird, wie sie in das Weltbild der Familie passen, und nicht mit eigenen Modellvorstellungen, die der Therapeut auf die Familienmitglieder projiziert. Ausführlichere Darstellung findet sich in »The Structure of Magic«, Band I, auf den Seiten 48–49 und 90–92.

7. Die Fähigkeit des Therapeuten (oder Hypnotiseurs), die Sprachmuster der *»Substantivierung«* zu erkennen und taktvoll einzubringen, ist eines der wichtigsten verbalen Interventionsmuster, die wir kennen. Eine detailliertere Darstellung der Anwendungsmög-

lichkeiten dieses Musters kann man in »The Structure of Magic«, Band I, auf den Seiten 43–44 und 74–80 nachlesen; und in »Patterns of the Hypnotic Techniques of *Milton H. Erickson, M.D.*« auf den Seiten 162–164 und 229–231.

8. Diese Kategorie von Sprachmustern – »*semantische Mißbildungen*« – gehört zu den wichtigsten verbalen Mustern, die Therapeuten und Hypnotiseuren in ihrer Kommunikation zur Verfügung stehen. Nachzulesen in »The Structure of Magic«, Band I, S. 51–53 und 95–107; und in »Patterns of the Hypnotic Techniques of *Milton H. Erickson, M.D.*«, S. 146–152 und 209–215.

9. Eine mit der Kausalität in Zusammenhang stehende semantische Mißbildung meint all jene Fälle, in denen einer den anderen als verantwortlich für ein Gefühl oder einen Gedanken erklärt, ohne daß zwischen den beiden irgendein direkter körperlicher Kontakt bestehen würde. Wir vertreten den Standpunkt, daß jeder Mensch lernen kann, frei darüber zu entscheiden, wie ihm die Wörter, der Klang der Stimme, die Körperhaltung, die Bewegung etc. von anderen berühren. Die Technik der Identifizierung einer mit der Kausalität in Zusammenhang stehenden semantischen Mißbildung durch die verwendete Sprachform wird im einzelnen in »The Structure of Magic«, Band I, S. 51–52 und 95–98 diskutiert; und in »Patterns of the Hypnotic Techniques of *Milton H. Erickson, M.D.*«, Band I, S. 146–151 und 209–213.

10. Die semantische Mißbildung durch Gedankenlesen und die mit der Kausalität in Zusammenhang stehende semantische Mißbildung sind die Basis vieler geeichter Kommunikationszyklen, die Leid und Unzufriedenheit der Familienmitglieder nach sich ziehen. Vgl. »The Structure of Magic«, Band I, S. 104–106, und »Patterns of the Hypnotic Techniques of *Milton H. Erickson, M.D.*«, Band I, S. 151–152 und 213–215.

11. »*Teil-Äquivalenz*« steht für die Beziehung zwischen einem Wort oder einer Konstellation von Wörtern und den mit diesen Bezeichnungen verbundenen Erfahrungen. So bedeutet zum Beispiel für einige Menschen das Wort »Fürsorge«: immer reagieren, wenn Hilfe verlangt wird; für andere heißt dies, zu wissen, was der andere will, und ihm dies zu geben, ohne daß er darum bitten muß; wieder für andere bedeutet es, jemanden sanft berühren; oder glücklich aussehen, wenn ein anderer auf einen zukommt. Das Muster der Teil-Äquivalenz entspricht demnach grob der Vorstellung von der Definition der betreffenden Worte; Teil-Äquivalenz kann aber *nicht*

wie die übliche Wörterbuch-Definition verstanden werden, sondern muß immer in Beziehung zu dem besonderen Weltbild eines Menschen gesetzt werden. Vgl. »The Structure of Magic«, Band I, Seite 88–90; »Patterns of the Hypnotic Techniques of *Milton H. Erickson, M.D.*«, Band II.

12. Eine ausführlichere Diskussion der *»modalen Operatoren«* findet sich in »The Structure of Magic«, Band I, S. 69–73.

13. »The Structure of Magic«, Band I, Kapitel I, enthält eine Besprechung dieser drei Prinzipien.

14. Der Begriff *»Darstellungs- oder Repräsentationssystem«* bezieht sich auf die Art und Weise, wie sich uns allen Erfahrungen darstellen. Eine ausführliche Erläuterung dieses Musters und die Möglichkeiten, es vorteilhaft anzuwenden, findet man in »The Structure of Magic«, Band II, Teil I; und in »Patterns of the Hypnotic Techniques of *Milton H. Erickson, M.D.*«, vor allem Band II.

15. Diese Technik – das Hinzulernen von Repräsentationssystemen – ist Metataktik II, die in Teil I von »The Structure of Magic«, Band II, diskutiert wird.

16. Kongruenz ist vielleicht die einzige und zugleich wichtigste Dimension der Kommunikation, die jeder von uns als Träger der Veränderung, entwickeln kann, indem wir zum einen in unserer eigenen Kommunikation kongruent sind und zum anderen die Fähigkeit haben, Kongruenz und Inkongruenz in der Kommunikation von anderen zu entdecken. Vgl. »The Structure of Magic«, Band II, Teil II; V. Satir, »Selbstwert und Kommunikation«, Pfeiffer, Leben lernen 18, Kap. 4 und 5; und »Patterns of the Hypnotic Techniques of *Milton H. Erickson, M.D.*«, Band II.

17. Wir empfehlen dem Leser die Lektüre von »The Structure of Magic«, Band II, Teil II und IV, um eine ausführliche Darstellung der Entwicklung und der Anwendung von Inkongruenz sowohl in Einzelbehandlung als auch in Familientherapie zu bekommen.

18. Wir wollen die Absicht der Regeln, ihre Entwicklung und ihre Verwendung in der Therapie im nachfolgenden Kapitel II von »Mit Familien reden« ausführen. Wir empfehlen hier auch *R. D. Laings* Darstellung der Regeln in »Politics of the Family« und »Other Essays«, Tavistock, London; und *V. Satir*, »Selbstwert und Kommunikation«, Kapitel 7; und »The Structure of Magic«, Band II, Teil IV.

Teil II

1. Dieses Phänomen, daß nämlich Verhaltensänderungen in Bereichen stattfinden, die nicht ausdrücklich in der therapeutischen Sitzung behandelt wurden, wird in »The Magic of Patterns/The Patterns of Magic« (*Bandler* und *Grinder*, erscheint demnächst) diskutiert. Das Schlüsselkonzept ist der Isomorphismus, Gleichförmigkeit der Muster. Wenn also ein Individuum die Art der Beziehung zu seiner *Mutter* verändern kann – dann wird es normalerweise zu seiner eigenen Überraschung auch die Beziehung zu seiner *Frau*, zu seiner *Arbeitskollegin* etc. verändern. Die spezifischen Prinzipien, wonach solche Veränderungen generalisiert werden, werden in dem oben zitierten Buch dargestellt werden.

2. Geeichte Kommunikation ist – das gilt für alle Kommunikationsprozesse – nicht von Natur aus ein schlechter oder ein Leid erzeugender Prozeß. Sie ist die Voraussetzung für enge Teamarbeit, ob im Rahmen der Co-Therapie, des Balletts, sportlicher Mannschaftskämpfe etc. Allerdings müssen diese geeichten Kommunikationsprozesse – wie jedes Kommunikationsmuster und jedes modellhafte Prinzip, dessen wir uns bewußt sind – auf ihre Nützlichkeit hin überprüft werden. Wenn diese Prozesse zu Leid und Unbefriedigtsein in der Familie führen, dann müssen sie neu untersucht und Alternativen entwickelt werden. *Gregory Bateson* gibt in seinem Artikel »The Biosocial Integration of Behavior in the Schizophrenic Family«, in »Therapy, Communication and Change«, herausgegeben von *D. D. Jackson*, Band II, Science and Behavior Books, Palo Alto 1968, S. 9–15, eine ausgezeichnete Darstellung der Unterschiede zwischen Rückmeldung und Eichung.

3. Unter Selbstwertgefühl verstehen wir, wie der Mensch seinen eigenen Wert als Menschenwesen einschätzt. Eine ausführliche Darstellung dieses Konzepts findet sich in: *V. Satir*, »Selbstwert und Kommunikation«, Pfeiffer, Leben lernen 18, München 1975, Kapitel 3, und *V. Satir*, »Familientherapie«, Lambertus-Verlag, Freiburg 1974, Kapitel II und VI.

4. Der Leser, der einige Erfahrung mit Hypnose hat, wird erkennen, daß sich hinter diesem Prinzip dasselbe verbirgt, was in der hypnotischen Arbeit als *»Nutzbarmachung«** bekannt ist. Vergleiche die Diskussion von *Erickson* in »Advanced Techniques of Hypnosis and Therapy«, Grune und Stratton, 1967, herausgegeben von *J. Haley*, oder »Patterns of the Hypnotic Techniques of *Milton H. Erickson, M.D.*«, Meta Publications, 1975, Band I und II.

* »utilization«

Weiterführende Literatur

Wenn man ein Buch zu Ende gelesen hat, möchte man sich oftmals ein wenig weiter informieren und vielleicht auch benachbarte Gebiete kennenlernen; deshalb führen wir hier einige weitere Bücher und Filme an.

Barbach, Lonnie G.: *For Yourself: Die Erfüllung weiblicher Sexualität.* Ullstein, Berlin.

Bernhard, Yetta: *How to Be Somebody,* Open the Door to Personal Growth. Millbrae, Calif.: Celestial Arts, 1975 (paperback).

Bernhard, Yetta: *Self-Care.* Millbrae, Calif.: Celestial Arts, 1975.

Birdwhistell, Ray L.: *Kinesics and Context,* Essays on Body Motion Communication. New York: Ballantine Books, Inc., 1970.

Brooks, Charles V. W.: *Sensory Awareness.* New York: The Viking Press, 1975.

Drakeford, John W.: *Do You Hear Me, Honey?* New York: Harper & Row, 1976.

Huxley, Laura: *You Are Not the Target.* New York: Fawcett World Library, 1965 (paperback).

Luthman, Shirley und Martin Kirschenbaum: *Familiensysteme.* Verlag J. Pfeiffer, München 1977.

Lyon, Harold C. jr.: *It's Me and I'm Here.* New York: Delacorte Press, 1974.

Miller, Sherod (ed.): *Marriages and Families, Enrichment through Communication.* Beverly Hills, Calif.: Sage Publications, 1975.

Missildine, W. Hugh: *Your Inner Child of the Past.* New York: Simon & Schuster, Inc.

Nierenberg, Gerald I., and Henry H. Calero: *Meta-Talk,* The Guide to Hidden Meanings in Conversations. New York: Cornerstone Library Publications, Reprint, 1975 (paperback).

Phelps, Stanlee, and Nancy Austin: *Assertive Woman*. San Luis Obispo, Calif.: Impact, 1975 (paperback).
Rogers, Carl R.: *Partnerschule*. Kindler-Verlag, München 1975.
Satir, Virginia: *Familienbehandlung*. Lambertus-Verlag, Freiburg 1973.
Satir, Virginia: *Selbstwert und Kommunikation. Familientherapie für Berater und zur Selbsthilfe*. Verlag J. Pfeiffer, München 1977[2].
Satir, Virginia: *Self Esteem*. Millbrae, Calif.: Celestial Arts, 1975 (paperback).
Selye, Hans: *Stress of Life*, rev. ed. New York: McGraw-Hill Book Co., 1975.
Selye, Hans: *Stress Without Distress*. New York: New American Library, 1975.
Simeons, Albert T.: *Man's Presumptuous Brain: An Evolutionary Interpretation of Psychosomatic Diseases*. New York: E. P. Dutton & Co., Inc., 1961 (paperback).
Smith, Gerald W., with Alice I. Phillips: *Couple Therapy*. New York: Macmillan Publishing Co., Inc. (Collier Books), 1973 (paperback). Original title: *Me and You and Us*. New York: Peter H. Wyden, Inc., 1971.
Smith, Gerald W., with Alice I. Phillips: *Couple Therapy*. Dictionary. New York: Peter H. Wyden, Inc., 1975.
Spitzer, Robert S. (ed.): *Tidings of Comfort and Joy*, An Anthology of Change. Palo Alto, Calif.: Science and Behavior Books, Inc., 1975.
Thommen, George: *Is This Your Day?* New York: Avon Books, 1976 (paperback).
Tiffany, Donald; Julius Cohen; Keith Ogburn; and Analee Robinson (eds.): *Helping Families to Change*. Hays, Kansas: The High Plains Comprehensive Community Health Center, 1972.
Posters by Virginia Satir:
»Goals for Pairing« and »Declaration of Self Esteem.« Celestial Arts, 231 Adrian Road, Millbrae, CA 94030.
Videotapes by Virginia Satir:
Family Therapy I: Family in Crises; Communication I: Lectures and Demonstrations; Communication II: Mini-Lecture and Experimential Examples. Science and Behavior Books, Inc., P.O. Box 11457, Palo Alto, CA 94306.
Films with Virginia Satir as consultant:
Insights (22 minutes); *A Better Place to Stand* (25 minutes). Manitou Programs, Inc., I.D.S. Center – 49th Floor, Minneapolis, MN 55402.

Bibliographie

Ashby, W. R.: *Einführung in die Kybernetik.* Suhrkamp-Verlag, Frankfurt 1974.

Bach, E.: *Syntactic Theory.* New York: Holt, Rinehart and Winston, Inc., 1974.

Bandler, R., and Grinder, J.: *Patterns of the Hypnotic Techniques of Milton H. Erickson, M.D.*, Volume I. Cupertino, Calif.: Meta Publications, 1975.

Bandler, R., and Grinder, J.: *The Magic of Patterns / The Patterns of Magic.* Cupertino, Calif.: Meta Publications, forthcoming.

Bandler, R., and Grinder, J.: *The Structure of Magic,* Volume I. Palo Alto, Calif.: Science and Behavior Books, Inc., 1975.

Bateson, G.: *Steps to an Ecology of Mind.* New York: Ballantine Books, 1972.

Bever, T. G.: »The Cognitive Basis of Linguistic Structure.« In J. Hayes (ed.), *Cognition and the Developments of Language.* New York: John Wiley and Sons, 1970.

Castaneda, Carlos: *Reise nach Ixtlan* (Fischer-TB). Frankfurt 1975.

Castaneda, Carlos: *Tales of Power.* New York: Simon and Schuster, 1974.

Dimond, S., and Beaumont, K.: *Hemispheric Functions in the Human Brain.* New York: John Wiley and Sons, 1974.

Gardner, H.: *The Shattered Mind.* New York: Alfred Knopf, Inc., 1975.

Gazzaniga, M.: *The Bisected Brain.* New York: Appleton, Century and Croft, 1974.

Grinder, J.; Bandler, R.; and Cameron, L.: *Neuro-Linguistic Programming,* Volume I. Cupertino, Calif.: Meta Publications, Inc., 1976.

Grinder, J.; De Lozier, J.; and Bandler, R.: *Patterns of the Hypnotic Techniques of Milton H. Erickson, M.D.*, Volume II. Cupertino, Calif.: Meta Publications, 1976.

Grinder, J., and Bandler, R.: *The Structure of Magic,* Volume II. Palo Alto, Calif.: Science and Behavior Books, Inc., 1976.

Grinder, J., and Elgin, S.: *A Guide to Transformational Grammar.* New York: Holt, Rinehart and Winston, 1973.

Haley, Jay (ed.): *Advanced Techniques of Hypnosis and Therapy: Selected Papers of Milton H. Erickson, M.D.* New York: Grune and Stratton, 1967.

Haley, Jay: *Gemeinsamer Nenner Interaktion.* Verlag J. Pfeiffer, München 1978.

Haley, Jay: *Uncommon Therapy.* New York: Grune and Stratton, 1968.

Kartunnen, L.: »Remarks on Presuppositions.« At the Texas Conference on Performances, Conversational Implicature and Presuppositions, mimeograph, March 1973. Kartunnen has a series of incisive papers on presuppositional phenomena in English. We suggest you write to him directly at the University of Texas for copies.

Kuhn, Thomas: *Die Struktur wissenschaftlicher Revolutionen.* Suhrkamp-Verlag, Frankfurt 1973.

Jackson, D. D. (ed.): *Communication, Family and Marriage.* Palo Alto, Calif.: Science and Behavior Books, Inc., 1968.

Jackson, D. D.: *Therapy, Communication and Change.* Palo Alto, Calif.: In J. Hayes (ed.), *Cognition and the Developments of Language.* New York: John Wiley and Sons, 1970.

Laing, R. D.: *Die Politik der Familie.* Kiepenheuer und Witsch, Köln 1975.

Miller, G. A.; Galanter, E.; und Pribram, K.: *Strategien des Handelns.* Klett-Verlag, Stuttgart 1973.

Montagu, Ashley: *Touching.* New York: Harper and Row, 1971.

Perls, F.: *Grundlagen der Gestalttherapie.* Verlag J. Pfeiffer, München 1976.

Polster, I. und M.: *Gestalt-Therapie.* Kindler-Verlag, München 1975.

Poloya, G.: *Patterns of Plausible Inference.* Princeton, N. J.: Princeton University Press, 1954.

Pribram, Karl: *Languages of the Brain.* Englewood Cliffs, N. J.: Prentice Hall, 1971.

Sapir, E.: *The Selected Writing of Edward Sapir.* D. Mandelbaum (ed.). Berkeley: University of California Press, 1963.

Satir, Virginia: *Conjoint Family Therapy.* Palo Alto, Calif.: Science and Behavior Books, Inc., 1964; dt.: *Familienbehandlung.* Lambertus-Verlag, Freiburg 1973.

Satir, Virginia: *Selbstwert und Kommunikation.* Verlag J. Pfeiffer, München 1977².

Watzlawick, P.; Beavin, J.; und Jackson, D.: *Menschliche Kommunikation.* Paul-Huber-Verlag, Bern 1974.

Watzlawick, P.; Weakland, J.; und Fisch, R.: *Lösungen. Zur Theorie und Praxis menschlichen Wandels.* Paul-Huber-Verlag, Bern 1974.

Whorf, B.: »Grammatical Categories.« In J. E. Carroll (ed.), *Language, Thought and Reality.* New York: John Wiley and Sons, 1956.